MADRI NARCISISTE

COME RICONOSCERE E COME COMPORTARSI CON LA PROPRIA MADRE NARCISISTA

Stephanie Elizabeth Wilson
AUTRICE INTERNAZIONALE

Cover photo: Ismael Sanchez, pexel.com
fonts League Gothic - theleagueofmoveabletype.com - Montserrat - Julieta Ulanovsky (SIL Open Font License)

Avviso di esclusione di responsabilità:

Si prega di notare che le informazioni contenute in questo documento sono solo a scopo educativo e di intrattenimento. Ogni sforzo è stato fatto per presentare informazioni accurate, aggiornate, affidabili e complete. Nessuna garanzia di alcun tipo è dichiarata o implicita. I lettori riconoscono che l'autore non è impegnato nella prestazione di consulenza legale, finanziaria, medica o professionale. Il contenuto di questo libro è stato ricavato da varie fonti. Si prega di consultare un professionista autorizzato prima di tentare qualsiasi tecnica descritta in questo libro.

Leggendo il presente documento, il lettore accetta che in nessun caso l'autore è responsabile per eventuali perdite, dirette o indirette, derivanti dall'uso delle informazioni contenute nel presente documento, compresi, ma non solo, errori, omissioni o imprecisioni

Indice

Introduzione

Benvenuti a *Madri Narcisiste*. Grazie per aver dedicato tempo e sforzi per saperne di più sul tema del narcisismo e su come l'essere cresciuti da uno o più genitori con un disturbo narcisistico della personalità (NPD) influisce su di voi e sulla vostra vita.

Spero che questo libro sia un valido punto di partenza per una ulteriore formazione e per compiere passi avanti per voi stessi. I figli cresciuti da genitori narcisisti, frequentemente crescono adulti che non comprendono le ragioni per cui si comportano, pensano e provano una particolare trascuratezza riguardo se stessi e la propria vita.

Imparando a conoscere i tratti dei genitori narcisisti e identificando i modi in cui hanno avuto un impatto sulla vita delle persone a loro più vicine, vi può aiutare ad ottenere una maggiore fiducia di voi stessi e a prendere il controllo della vostra vita. Nonché, avere anche la possibilità di imparare come dialogare e convivere al meglio con i vostri genitori narcisisti. Il disturbo narcisistico di personalità (NPD) è uno dei tanti disturbi di personalità e può essere descritto come una condizione mentale che porta ad un senso esagerato di egocentrismo e a un bisogno di attenzione ed ammirazione (Fondazione Mayo, 1998-2020, par. 1.). Chiunque sia classificato come affetto da DPN lotta per mantenere relazioni adeguate a scuola, al lavoro e nella vita personale ed è spesso molto insoddisfatto e infelice (Fondazione Mayo, 1998-2020, par. 2.).

Mentre leggete questo libro, avrete l'opportunità di saperne di più sulla NPD e sui diversi tipi di narcisisti.Questo libro tratterà quattro tipi di narcisisti che sono riconosciuti in campo psicologico e vi fornirà alcuni spunti su come determinare da quale tipo di narcisista probabilmente siete stati cresciuti. Nel corso di questo testo, sarete formati sulle differenze tra una madre e/o un padre narcisista. Uomini e donne hanno caratteristiche intrinsecamente diverse, anche se il loro disturbo di personalità è lo stesso. Inoltre, le madri narcisiste si relazionano con le loro figlie e i loro figli diversamente, così come in modo diverso i padri narcisisti interagiscono con i loro figli e le loro figlie.

Imparando a conoscere queste differenze, si ha la possibilità di prepararsi per una chiara comprensione del ruolo che hanno avuto nel plasmarvi perciò che oggi probabilmente siete diventati. Il rinomato psicologo Sigmund Freud affermò che il narcisismo è una parte naturale dello sviluppo umano.

Secondo Freud tutti i bambini attraversano una fase narcisistica in cui sono incapaci di vedere le altre persone come esseri distinti, con il risultato di uno stato d'animo egocentrico. Generalmente, i bambini superano questa fase man mano che crescono, ma quando quest'ultima è esagerata e portata all'età adulta, diventa una DPN clinica (Soeiro, 2019, par. 2.).Il mio obiettivo fondamentale è che voi capiate di più sul narcisismo dei genitori o del genitore che vi ha cresciuto, così sarete in grado di capire di più voi stessi, ma anche le complicazioni che i vostri genitori hanno dovuto affrontare ogni giorno. Imparerete a relazionarvi meglio con loro e a promuovere un rapporto più sano. Potrete anche scoprire la forza di come superare le sfide e gli eventuali danni che la vostra infanzia può avervi lasciato.

Durante la lettura, se vi imbattete in termini medici, termini di uso frequente o scientifici che non conoscete, vi invito a cercare nel Glossario Extra alla fine di questo libro per ulteriori definizioni ed informazioni.

Grazie per aver scelto *Madri Narcisiste* come vostra guida informativa. Non vedo l'ora di aprirvi nuove porte attraverso la vostra lettura.

1: TUTTO QUELLO CHE C'È DA SAPERE SUL NARCISISMO

Cos'è il narcisismo?

Il narcisismo è definito come il bisogno e il desiderio di gratificazione, affetto, attenzione ed adorazione derivanti dalla vanità, dall'ego e da una immagine idealizzata di sé. Questo termine è spesso usato come una connotazione offensiva nei confronti di chiunque mostri un tipo di comportamento egoista, egocentrico e poco empatico. È importante distinguere tra ciò a cui si riferisce l'uso comune del termine narcisismo e il disturbo psicologico di personalità associato al narcisismo.

L'implicazione casuale della parola narcisismo sta aumentando di popolarità, portando così a una corretta definizione e applicazione che viene spazzata via nel mainstream.

Il narcisismo è una parte naturale e normale della psicologia e dello sviluppo dell'infanzia, secondo Loren Soeiro, PhD ABPP nel suo articolo 4 Tipi di narcisisti e Come individuarli, pubblicato su Psychology Today. Soeiro descrive come tutti cerchino la convalida attraverso gratificazione, attenzione e apprezzamento da parte dei genitori quando sono bambini; poi da parte di amici, insegnanti, colleghi di lavoro, e altre persone significative man mano che crescono e diventano adulti. Questi desideri di essere notati e apprezzati sono sani per gli standard psicologici. Il semplice bisogno di essere elogiati non porta a comportamenti narcisistici o di NPD.

Tuttavia, senza una adeguata socializzazione ed una adeguata educazione alla conferma, alcune persone sviluppano tendenze narcisistiche che tendono alla ricerca e al bisogno di adorazione.

A nessuno piace sentirsi dire di essere o di comportarsi da narcisista. In realtà, la maggior parte delle persone che hanno tendenze narcisistiche o che cadono nel regno della NPD sono molto consapevoli di sé ed infelici. Questo bisogno di avere conferme da fonti esterne deriva da una radicata mancanza di fiducia (Fondazione Mayo, 1998-2020, par. 2.).

Sfortunatamente, gli individui con la NPD o che tendono a comportamenti narcisistici hanno difficoltà a formare relazioni interpersonali, e gli altri spesso hanno difficoltà a stare vicino a loro. Diamo ora una occhiata a ciò che distingue normali comportamenti narcisistici dalla NPD clinica. Nella prima infanzia e nell'adolescenza, ricevere gratificazione e affetto è un aspetto vitale dello sviluppo e della crescita.

Ricevere la giusta quantità di attenzioni e di conferme aiuta i bambini ad imparare il giusto da ciò che è sbagliato, ma li aiuta anche a stabilire la fiducia in se stessi e la capacità di relazionarsi con le altre persone. È una parte naturale della crescita umana che i bambini richiedano e cerchino conferme ed attenzioni.

Naturalmente, come in ogni stadio dello sviluppo della psiche umana, ci sono limiti a ciò che promuove modelli di pensiero e comportamenti sani rispetto a ciò che apre la porta allo sviluppo di tratti malsani.

Quando i bambini cominciano a fare amicizia al di fuori della loro famiglia natale e cominciano ad andare a scuola, questo desiderio di attenzione e di gratificazione comincia ad includere insegnanti, amici ed i loro coetanei. Anche in questo caso, la mente umana funziona ancora in modo sano quando desidera questo tipo di affetto. I bambini e gli adolescenti devono imparare a far parte della società, al di là del loro contesto familiare.

In questi anni di sviluppo, i bisogni narcisistici riguardano il continuare a stabilire la fiducia in se stessi, ma anche un'immagine personale per poi formare una propria identità.

In generale, il sano avanzamento psicologico del narcisismo giovanile fa sì che i bambini e i giovani adulti crescano da questa necessità di fama e di conferme. Quando la scuola finisce e questi individui diventano parte della forza lavoro, diventano umili, fanno parte di una comunità e di una squadra, lavorano con gli altri e condividono i riflettori e il merito.

Mentre anche gli adulti psicologicamente sani possono ancora esprimere qualità narcisistiche di tanto in tanto, non si tratta più di ricevere sempre adorazione esterna, ma piuttosto di imparare a promuovere la conferma interna. Ci sono adulti che sono incapaci di creare queste conferme per se stessi, quindi saranno sempre alla costante ricerca di gratificazioni da chiunque riescano ad ottenerle. Questa qualità narcisistica non significa che la persona che la ritrae sia nello spettro della NPD. Infatti, la maggior parte degli adulti che mostrano tratti egocentrici ed egoisti non hanno la NPD.

Considerando che il narcisismo è considerato una parte naturale e normale di una mente sana e funzionante, ognuno è in grado di esprimere un comportamento narcisistico. Come per ogni tratto della personalità o fenomeno psicologico, c'è un equilibrio tra sano e malsano. L'estremo lato malsano dello spettro è quello in cui si trovano le persone che sono classificate come narcisisti psicologici. Comprendere e accettare che il comportamento narcisistico è presente in tutti gli esseri umani e fa parte della psicologia vi aiuterà a saperne di più sulla NPD e sugli effetti che ha avuto su di voi come figlio cresciuto da uno o più genitori narcisisti. L'importanza del narcisismo nello sviluppo psicologico sta nello stabilire una sana dose di amor proprio, autostima (Soeiro, 2019, par. 1.).

Quando si incontrano individui che si affidano al lato narcisistico, può essere umiliante ricordare che molto probabilmente non hanno mai avuto la possibilità di sviluppare la propria fiducia o autostima. Forse questo li renderà più umani ai vostri occhi. La conoscenza da sola non rende più facile interagire con loro o stare intorno ai loro tratti di personalità più difficili, questo è vero. Tuttavia, se siete stati cresciuti da uno o più genitori narcisisti, comprendere le loro insicurezze può aiutarvi a stabilire i vostri punti di forza e a non cadere nei modelli cognitivi che hanno creato per loro stessi.

Purtroppo è un circolo vizioso in cui una persona priva di autostima diventi bisognosa di attenzione e di conferme, riscrivendo i propri schemi di pensiero per pensare di meritarselo. A sua volta, questo può allontanare i suoi coetanei e portare a relazioni malsane.
Man mano che le loro relazioni vanno in frantumi, questi individui narcisisti proiettano sulle persone che li circondano, li incolpano di ciò che va male nelle loro vite, e sono incapaci di accettare la responsabilità o di pensare che avrebbero potuto causare loro stessi il problema. Questi cicli malsani sono molto presenti nella vita di chi è affetto da NPD. Umanizzando e riconoscendo che questi comportamenti estremi e scomodi hanno una causa alla radice, vi date la forza di superare qualsiasi negatività duratura che vi è stata proiettata addosso dai genitori narcisisti.

Ricordate che solo perché qualcuno è egoista, non significa che abbia la NPD.

Le tendenze egoistiche, o ciò che viene percepito come egoista, sono spesso costrutti sociali che distorcono il concetto di cura di sé e fanno di se stessi una priorità. Altri comportamenti egoistici sono più inclini all'avidità e non necessariamente si allineano al narcisismo.

Detto questo, non tutti coloro che mancano di umiltà sono narcisisti. Né lo sono tutti quelli che hanno un ego spropositato o che lottano con relazioni sane. C'è una distinzione tra il narcisismo sano, l'essere narcisisti e l'avere la NPD. Quando imparerete di più su queste differenze, sarete sicuramente più consapevoli.

Disturbo Narcisistico di Personalità (NPD)

Il Disturbo Narcisistico di Personalità (NPD) è un disturbo psicologico di personalità che viene definito da una grave illusione di grandiosità. Questa illusione offusca la realtà del proprio stato attuale e enfatizza il proprio ego e l'immagine di sé a uno stato elevato al di sopra della maggior parte delle persone con cui si interagisce quotidianamente.

Un vero narcisista è innamorato di un'immagine di sé, idealizzata dall'ego e dal grandioso. Questa immagine innata di se stessi diventa un'illusione di chi sono, ed è un meccanismo di difesa per non riconoscere o ammettere di avere una bassa autostima e sentimenti di inutilità. L'illusione diventa così fondamentale da mantenere, che qualsiasi tipo di critica o insulto percepito porta alla rabbia come tentativo di deviare e mantenere stabile l'illusione (Smith e Robinson, 2019, par. 1.).

Alcuni dei sintomi del narcisismo più comuni includono manie di grandezza, eccessivo egocentrismo e superiorità, e l'aspettativa di essere riconosciuti per ogni azione o obbiettivo raggiunto, grande o piccolo che sia. Altri sintomi della NPD riguardo al modo in cui i narcisisti si relazionano con gli altri includono il sentirsi come se potessero associarsi solo con quelli considerati uguali a loro, il guardare dall'alto in basso le persone, sminuire chi considerano inferiori, il bisogno di monopolizzare la conversazione, nonché l'approfittarsi degli altri attraverso varie forme di manipolazione (Fondazione Mayo, 1998-2020, par. 5.).

I narcisisti spesso credono di essere invidiati da tutti quelli che li circondano. Che si meritino il meglio di tutto in termini di lussi come automobili, case, marche di abbigliamento, ecc. Possono facilmente rimanere coinvolti nelle loro fantasie di potere, ricchezza, fama e della bellezza. La maggior parte dei narcisisti non è in grado o non è disposta a pensare agli altri e ai loro bisogni. Si aspettano favori e si aspettano che gli altri si attengano alle proprie aspettative.

Un atteggiamento narcisistico generale si riflette nell'arroganza, nella vanagloria, nell'essere presuntuosi e pretenziosi (Fondazione Mayo, 1998-2020, par. 4.).

Questi attributi sono una manifestazione di profondi sentimenti di infelicità e di mancanza di fiducia in se stessi. Dal momento che la NPD deriva da un luogo di bassa autostima e di profonda infelicità radicata, tutto ciò che mette a repentaglio questa ben costruita illusione a più livelli provoca reazioni avverse in una personalità narcisistica.I narcisisti possono arrabbiarsi quando vengono criticati. Tendono ad aspettarsi troppo da se stessi e se non riescono a raggiungere la loro immagine perfetta, diventano depressi e lunatici.

Spesso sono molto inflessibili, essendo incapaci di adattarsi al cambiamento. L'impazienza e la rabbia possono essere scatenate quando sentono di non ricevere il riconoscimento o il trattamento che meritano. Hanno anche problemi costanti nello sviluppo di relazioni interpersonali (Fondazione Mayo, 1998-2020, par. 5.).

Sulla base dei sintomi e delle reazioni comunemente riconosciuti delle persone affette da NPD, si può già essere in grado di stabilire dei collegamenti tra il modo in cui la NPD inibisce la capacità di un genitore di creare e consolidare un ambiente sano per un bambino. Potreste anche trovare delle similitudini tra i vostri genitori e i sintomi descritti. La maggior parte dei narcisisti soffre di una insicurezza segreta che li lascia con un senso di vergogna.

Il conflitto tra questi sentimenti nascosti di umiliazione, in contrasto con il senso di sé, di superiorità, di unicità ed egocentrismo, porta alla rabbia, alla frustrazione e allo smarrimento. Anche se, chiunque abbia la NPD, non ammetterà mai prontamente questo stato confusionale; lo proietterà semplicemente sugli altri o si arrabbierà di default. La proiezione è quando qualcuno rifiuta di accettare un difetto in se stesso e sostiene che si tratta di un tratto negativo in qualcun altro. Può assumere la forma di una critica esplosiva ed eccessiva, perché il proiettore è inconsciamente arrabbiato con se stesso, ma non riesce ad ammetterlo. Così, incolpano gli altri per le colpe che non vogliono accettare in se stessi.

La differenza principale tra l'essere narcisisti e l'avere la NPD si riduce al termine "grandiosità". Il narcisismo porta alla vanità, all'egocentrismo e al desiderio di essere riconosciuti.

La NPD, tuttavia, crea una mentalità egoistica in cui l'individuo si sente come se fosse molto più speciale e superiore a chiunque altro intorno a sé. Essi pensano di essere troppo unici per essere compresi da chiunque "nella media", e possono associarsi solo a coloro che sono allo stesso livello di esaltazione.

Vogliono essere riconosciuti e gratificati per essere speciali e unici senza fare nulla per mostrare questa loro superiorità (Smith e Robinson, 2019, par. 4, 5.).

Come potete vedere, le allucinazioni psicologiche estreme che accompagnano la vera NPD non sono la media, ogni giorno tratti narcisistici vengono associati al termine "narcisismo" molto facilmente. Poiché la NPD ha una componente delirante, è classificata come un disturbo psicologico di personalità che dovrebbe essere trattato con con una terapia ed eventualmente anche con dei farmaci. Purtroppo, è improbabile che un vero narcisista vorrebbe mai ammettere che c'è qualcosa che non va in loro. Questo significa che la maggior parte dei casi non viene trattata e il modello continua in un ciclo molto distruttivo. I disturbi di personalità, come la NPD, rientrano nel campo dei disturbi mentali, proprio come i disturbi di personalità antisociali, il disturbo maniaco-depressivo, l'autismo e persino la depressione clinica.

I sintomi e le reazioni all'interno di questi diversi disturbi variano da persona a persona.

Per esempio, non tutti coloro che soffrono di disturbo antisociale di personalità tortura e uccide gli animali.

Non tutti i soggetti affetti da autismo sono non verbali o incapaci di comunicare. Ci sono diverse sfumature di gravità dei sintomi, e questo vale anche per lo spettro della NPD.

Inoltre, i disturbi mentali sono spesso trattabili, ma non necessariamente curabili. Può essere difficile accettare che una persona che ami con la NPD potrebbe non essere mai in grado di cambiare o potrebbe non voler mai cercare un aiuto professionale.

Tuttavia, capire che non ha il controllo completo della propria chimica cerebrale è un altro passo verso l'apprendimento di come superare le imposizioni che ha creato per voi. Il campo della psicologia e della sanità mentale è in costante crescita e cambiamento. Anche negli ultimi 10 anni, la comprensione della NPD è aumentata e cambiata. Idealmente, arriverà un momento in cui la salute psichica non sarà una preoccupazione di primo piano nella società. Ci sono ancora dei blocchi stradali, per lo più sotto forma di malattia mentale che non ricevono l'attenzione necessaria per fare cambiamenti evidenti, così come coloro che ancora considerano la salute psichica un tabù. Fortunatamente, la consapevolezza sta crescendo.

Accettando di essere stati vittima di un genitore narcisista e facendo lo sforzo di conoscere meglio se stessi e loro, si contribuisce alla soluzione.

Cause del Disturbo Narcisistico di Personalità (NPD)

Poiché il campo dei disturbi mentali è ancora in crescita e avanza, ci sono molti disturbi di cui non si conosce la causa. La NPD è un disturbo della personalità che non ha una causa chiara ed è spesso difficile da prevedere come potenziale disturbo quando si valuta la psicologia infantile. Alcune intuizioni possono suggerire dei fattori che possono portare allo sviluppo della NPD.
I tre fattori più comunemente analizzati quando si considerano le origini di un disturbo della personalità sono l'ambiente, la genetica e la neurobiologia.

Nel caso della NPD, l'ambiente riguarda il contesto in cui cresce un bambino. Ci sono molti fattori che mostrano una correlazione con il narcisismo e il modo in cui un bambino viene cresciuto. I bambini sono impressionabili e devono essere educati a distinguere il bene dal male. Bisogna insegnargli a comportarsi in modo appropriato e ad convivere armoniosamente nella sua comunità. Senza una guida adeguata, i bambini rischiano di cadere in comportamenti inappropriati, mentalità dannose e modelli di pensiero che possono diventare distruttivi per loro stessi e per coloro che li circondano. Quando si tratta di fattori ambientali legati alla NPD, ce ne sono un paio ricorrenti. Il primo è un ambiente trascurato, mentre il secondo è un ambiente eccessivamente viziato. I bambini hanno bisogno di equilibrio e, inclinandosi troppo in entrambe le direzioni, lo sviluppo di un bambino può essere distorto da ciò a cui è esposto.

Sul versante della negligenza, alcune esperienze ambientali comuni che sono state collegate con la NPD includono genitori che sono trascurati o assenti, genitori insensibili, fisicamente, mentalmente ed emotivamente offensivi, e assistenti che sono imprevedibili e incoerenti (Healthdirect, 2018, par. 2.).

I bambini che vengono trattati con uno dei difetti genitoriali precedentemente elencati sono considerati a rischio per lo sviluppo della NPD. Se un bambino non riceve l'attenzione o la cura che naturalmente cerca dalla sua famiglia natale, allora comincia a desiderare di averla da qualsiasi parte possa ottenerla. In un certo senso, la NPD può servire come un meccanismo di difesa per trascurare e abusare, formando uno stato d'animo sicuro, anche se delirante, affinché un bambino senta tutto ciò che desidera ma che non ottiene dai genitori. Questa illusione diventa così radicata in loro, da portarla fino in età adulta senza la possibilità di uscirne.Per quanto riguarda il rovescio della medaglia, è anche noto che l'eccesso di coccole ha portato alla NPD. I genitori che sono inclini a gratificare troppo i propri figli, o che hanno aspettative troppo ambiziose e concretamente poco plausibili, possono inavvertitamente imporre un senso di superiorità ai propri figli. Questo elogio può essere diretto alla loro intelligenza, agli attributi fisici, a un talento specifico, o semplicemente a un senso generale di trattare il proprio figlio come se fosse la persona più importante e straordinaria del pianeta (Healthdirect, 2018, par. 2.).

La maggior parte dei genitori pensa che i propri figli siano le persone più straordinarie del mondo. Questo di per sé non è dannoso. Tuttavia, quando si gratifica costantemente un bambino, senza mai fargli assumere la responsabilità delle sue azioni e senza insegnargli l'umiltà, l'idea che sia perfetto diventa per lui una vera e propria mentalità. I bambini sono come spugne. Assorbono tutto ciò che li circonda. Se vengono trattati come superiori e perfetti, cominciano a pensare di esserlo, e si aspettano quel trattamento da tutti quelli che li circondano.

Non tutti i bambini iper coccolati o viziati rischiano di diventare narcisisti. È qui che entra in gioco la complicazione di individuare una causa.

Per quanto sia triste, ci sono molti bambini che vengono cresciuti in ambienti dove incontrano o una estrema indifferenza e negligenza, o vengono eccessivamente viziati e coccolati. Non tutti finiscono con la NPD.

Traumi e abusi sono fattori esterni che non sono necessariamente legati alla genitorialità e al contesto in cui il bambino cresce. Tuttavia, ci sono state correlazioni tra trauma e abuso che hanno portato alla NPD. Ci sono così tanti tipi di traumi e abusi, che è difficile restringere il campo a ciò che causa la NPD da una situazione traumatica o di abuso.

Ecco perché ci sono altri fattori da considerare. I fattori genetici sono tratti ereditati dai genitori e nel codice genetico. Attualmente, non ci sono geni che siano specificamente legati alla NPD. Detto questo, la genetica non può essere esclusa come causa della NPD.
Essi giocano un ruolo ampio e complesso nello sviluppo della personalità e del cervello. Poiché la NPD è un disturbo mentale e la mente opera in larga misura sulle secrezioni chimiche, e la capacità della mente di funzionare e di elaborare le informazioni ha influenze genetiche, c'è la possibilità che la genetica sia responsabile del narcisismo, o almeno contribuisca ad esso.
Il terzo fattore quando si analizza la causa di un disturbo della personalità è nella neurobiologia.

Questo si ricollega alla mente che opera a partire da secrezioni chimiche. Il sistema nervoso è una rete all'interno del corpo che funziona a partire da impulsi elettrici. Questi impulsi trasportano le informazioni dal cervello al resto del corpo.

I neuroni e le connessioni neurali nel cervello sono di solito collegati in un certo modo.

Questa parte dell'evoluzione umana, e la neurobiologia di una data specie, tende ad avere una struttura o un modello. Poiché non è possibile identificare con certezza un singolo fattore come causa della NPD, ci sono buone probabilità che la NPD sia il risultato di più fattori che si manifestano in un modo specifico. Ciò significa che un bambino cresciuto in un contesto trascurato, che ha una genetica correlata e i suoi neuroni sono collegati in un certo modo, svilupperà sempre la NPD. Naturalmente, è difficile quantificare esattamente ciò che contribuisce a un'illusione così complessa. Se conoscete qualcuno che ha la NPD o se siete stati cresciuti da genitori narcisisti, potreste sapere abbastanza sulla loro infanzia e sulla loro genetica per identificare alcuni fattori che hanno contribuito al loro narcisismo.

Pur conoscendo l'origine precisa di un disturbo mentale e il modo migliore per curarlo, e forse anche per prevenirlo, la complessità che circonda il disturbo mentale potrebbe non permettere mai di capire esattamente cosa causa la NPD o altri disturbi della personalità. È più che probabile che si tratti di un cumulo di diversi fattori che convergono in una tempesta perfetta.

Tipi di narcisisti che dovete conoscere

Quando si tratta di disturbi della personalità, c'è sempre spazio per le differenze. Ogni persona è diversa, dopo tutto, e questo significa che anche i narcisisti sono diversi l'uno dall'altro.

Mentre i tratti e i sintomi sottostanti possono essere molto simili o ampiamente classificati in categorie, possono essere ulteriormente suddivisi in "tipi" di NPD. Ci sono principalmente quattro tipi o sottocategorie di narcisisti riconosciuti in psicologia. Queste sottocategorie possono essere ulteriormente suddivise in più tipi, ma per semplicità questo testo si concentrerà solo sui quattro principali. La classificazione dei narcisisti inizia con la suddivisione dei tipi di personalità in positivi e negativi, o in termini di narcisismo, prosociale e antisociale. Prosociale è il tipo che si associa al narcisista grandioso ed esuberante che è più riconosciuto nella società moderna. Il narcisista antisociale è considerato il tipo il cui narcisismo deriva da un luogo di insicurezza e vulnerabilità. I tipi di personalità prosociali tendono a prendere i riflettori e a mettere da parte la loro controparte antisociale meno conosciuta e meno riconosciuta (Soeiro, 2019, par. 3.).

I narcisisti prosociali sono il tipo che si distingue in una folla. Generano l'attenzione e l'adorazione di cui hanno bisogno compiendo atti e azioni che li faranno guadagnare apprezzamenti.

Tuttavia, spesso possono essere eccessivi nella loro "disponibilità", perché non ne hanno mai abbastanza di questa conferma. La maggior parte dei narcisisti prosociali ha un solido gruppo di amici o colleghi che amano stare con loro e li considerano una buona compagnia. Possono anche essere descritti come divertenti (Soeiro, 2019, par. 3.).Questa attenzione da parte degli altri nella loro cerchia sociale è una grande fonte di affetto e di affermazione di cui hanno bisogno, e continueranno a cercarla.

In termini di manipolazione e di comportamento egoista, il narcisista prosociale è inoffensivo. Ha un po' di empatia per gli altri e la usa per capire i bisogni e i desideri delle persone che li circondano. Così, sono in grado di compiacere i loro amici e la loro famiglia e in cambio ottengono la conferma delle loro azioni. Questo modo di dare e prendere ha alcune connotazioni manipolatorie, poiché si tratta di giocare sulle emozioni di qualcun altro per ottenere ciò che vuole, ma non è visto come dannoso come possono invece essere gli altri tipi narcisisti (Soeiro, 2019, par. 3.).

Quando si tratta di narcisisti antisociali, essi tendono ad essere i più manipolatori. Sono incredibilmente egocentrici, vedono le persone che li circondano come oggetti da usare, sfruttare e manipolare a proprio vantaggio.
Sono costantemente alla ricerca di gratificazione e conferme da parte degli altri, ma a differenza dei narcisisti prosociali, non si fanno avanti e non si rendono utili. Vogliono solo essere riconosciuti per la loro superiorità e abuseranno e manipoleranno gli altri per ottenere quel riconoscimento.
A differenza dei loro omologhi prosociali, i narcisisti antisociali mancano di empatia per gli altri perché si considerano ampiamente superiori. Chiunque "sotto" di loro non vale lo sforzo (Soeiro, 2019, par. 4.).

Ci sono altri due tipi di personalità che rientrano nella categoria dei narcisisti antisociali. Il primo si chiama narcisista maligno. I narcisisti maligni sono un estremo nel campo dei narcisisti antisociali. Non fanno niente per il bene di nessuno, mai. Infatti, Otto Kernberg, un teorico psicologo, ha affermato che i narcisisti maligni sono una classe tra il classico narcisista e il disturbo antisociale di personalità.

Mentre i narcisisti maligni possono formare relazioni a lungo termine, a differenza di alcuni altri tipi di narcisisti, hanno la tendenza a diventare aggressivi e arrabbiati.

Questi narcisisti hanno un'instabile illusione della percezione di sé esagerata. Per mantenere questa fragile illusione, se qualcuno la minaccia o la critica, i narcisisti maligni si arrabbiano. In alcuni casi, possono anche cercare di distruggere il loro avversario percepito.

Questo può comportare la distruzione della loro carriera, della loro vita personale o di qualche altro aspetto della vita dell'avversario. Questi narcisisti devono lavorare incredibilmente duramente per mantenere intatte le loro grandiose illusioni, quindi la loro capacità di gestire le situazioni quotidiane senza sentirsi personalmente attaccati da osservazioni ed eventi casuali è fortemente limitata (Soeiro, 2019, par. 5.).

Il quarto tipo di personalità narcisistica ha un nome ingannevole, noto come il narcisista vulnerabile. Tuttavia, il termine vulnerabile in questo contesto non significa che non abbia il sintomo della superiorità nella sua illusione. Piuttosto, interiorizzano la loro superiorità.

La differenza di fondo tra i narcisisti vulnerabili e gli altri tipi di narcisisti è che essi non chiedono e non manipolano esteriormente gratificazioni ed le attenzioni, ma credono comunque di meritarle (Soeiro, 2019, par. 6.).

Poiché i narcisisti vulnerabili passano la maggior parte del tempo nella loro testa con la sensazione di non ricevere mai il riconoscimento e l'adorazione, che sentono di meritare, questo può trasformarsi in una di sentirsi vittima. Chiunque sia un narcisista vulnerabile manca di empatia per gli altri. È profondamente sensibile al modo in cui gli altri li percepiscono e può cadere in stati di depressione, sentendosi come se il mondo avesse fallito nel non riconoscere la loro unicità e il loro ineguagliabile genio. Questa sensibilità non va al di là di se stessi (Soeiro, 2019, par. 6.). C'è una sovrapposizione tra il narcisista vulnerabile e il narcisista antisociale, soprattutto quando si tratta di aspettarsi un riconoscimento basato semplicemente sul pensiero di essere esaltati e superiori. Come per ogni disturbo della personalità, la NPD e i diversi tipi di narcisisti hanno delle somiglianze ed è talvolta difficile determinare dove una persona che si conosce si adatta senza l'assistenza di una diagnosi clinica.

Con i quattro principali tipi di personalità narcisistiche che rientrano nell'ambito del disturbo di personalità narcisistico, si può vedere come non tutti i narcisisti si comportano e rispondono allo stesso modo.

Mentre i sintomi della NPD non variano molto da un tipo all'altro, ci sono differenze che possono portare a complicazioni nei rapporti personali, nella carriera professionale e anche in altri aspetti della salute mentale.

Indipendentemente dal tipo di narcisista con cui siete stati cresciuti, potreste avere familiarità con la delusione e la frustrazione che deriva dal fatto che trascuri i vostri bisogni solo per servire se stesso. Potreste capire come ci si sente a camminare il più attentamente possibile in loro presenza per evitare colpe fuori luogo, rabbia e manipolazioni ingannevoli che vi fanno sentire incompetenti in loro presenza.

Mentre potreste pensare di sapere dove qualcuno della vostra vita si inserisce in queste quattro personalità narcisistiche, siate cauti nel fissarvi su qualsiasi tipo. Imparare a convivere e a comunicare con un narcisista può cambiare in base al tipo di personalità e, se li etichettate in modo errato, i vostri tentativi di instaurare un rapporto più sano potrebbero non avere successo. Mi raccomando mantenete una mente aperta.

Come il narcisista ti controlla

È importante ricordare che la maggior parte dei narcisisti non vi controlla ne vi manipola per dispetto o per malizia. Anche se può essere intenzionalmente distruttivo, è più probabile che non lo sia, i narcisisti sono talmente coinvolti in se stessi e incapaci di empatizzare con gli altri che non si rendono conto coscientemente dei danni che stanno causando o di come stanno usando le persone. Potreste provare a dire loro che le loro azioni vi feriscono o vi turbano, ma poiché non riescono a vedere al di là dei loro bisogni, non capiranno, o si scaglieranno contro di voi con rabbia e vi proietteranno colpe.

Quando si incontra per la prima volta qualcuno di nuovo che sembra sicuro di sé, ambizioso e coraggioso, è naturale essere attratti da questo fascino enigmatico.
I narcisisti proiettano un senso di fiducia.
Parlano dei loro obiettivi, dei loro successi e delle loro vite straordinarie. Questa illusione che mostrano della loro stessa grandiosità spesso parla direttamente al lato avventuroso di altre persone.
Se si lotta con la propria insicurezza o autostima, è molto più facile essere attratti da qualcuno che la trasuda in tutto ciò che dice e fa. Purtroppo è solo un'illusione, perché una volta intrappolati è difficile scappare. Le "storie perfette" dei narcisisti possono diventare dannose e pericolose per coloro che ne rimangono intrappolati.

Un modo in cui un narcisista può affermare il controllo e la sua autorità è se si cerca di stabilire dei confini, dei limiti ben definiti. Il termine "confine" si applica ai limiti personali che si mettono in atto e che forniscono un ambiente sicuro in cui le altre persone non possono entrare. Ad esempio, se a vostra madre piace essere coinvolta nella vostra vita e vive nelle vicinanze, potrebbe invitarsi a casa vostra ogni volta che vuole, senza preavviso. Un limite appropriato sarebbe quello di dirle che deve chiamare prima di venire. Un individuo rispettoso seguirà i confini che voi stessi avete posto.

I narcisisti non rispettano invece i confini. Non rispettano i confini perché non vi rispettano. Attraverseranno regolarmente questi limiti e lo faranno anche sentendosi completamente privilegiati e nel rispetto dei loro diritti.

Non rispettando questi confini, i narcisisti affermano il controllo su di voi e sulla vostra vita personale. Essi rivendicano anche i vostri beni, il vostro tempo e la vostra attenzione. Questo è un problema comune nelle relazioni interpersonali di un narcisista perché un narcisista non vuole la vera uguaglianza o la reciprocità nelle relazioni che formano. Un altro metodo di controllo che i narcisisti impongono alle persone nella loro vita è quello di farvi credere nelle loro fissazioni.

Non solo vogliono farvi credere nella loro superiorità, ma il modo in cui trattano le persone con cui hanno rapporti può portare ad altri tipi di false percezioni. Il punto di vista di un narcisista nei confronti delle altre persone si baserà sul loro ego smisurato, così le persone intorno a loro si sentiranno piccole, inutili, inferiori, e cresceranno fino a pensare che c'è davvero qualcosa di sbagliato in loro.

Credendo all'opinione che un narcisista ha di voi e credendo agli insulti, ai giudizi e alle colpe che vi danno, è facile perdersi nell'illusione di essere in qualche modo i colpevoli. Un narcisista non accetterà mai colpe o responsabilità, eppure si aspetta che gli altri lo facciano. L'ammissione di colpa da parte di qualcun altro è gratificante per un narcisista. Usando manipolazioni emotive maligne violente e subdole (gaslighting) ed altri comportamenti estremi, i narcisisti controllano gli altri distorcendo la propria visione di sé.

Una volta che qualcuno è intrappolato in quella sensazione di essere inferiore, non può sempre uscirne facilmente. Ciò significa che i narcisisti possono plasmare efficacemente la propria fonte personale di conferma e validazione e superiore, oltre che uno sbocco per tutte le loro mancanze.

Questo è ciò che vuole veramente quando un narcisista forma delle relazioni.I narcisisti possono anche usare alcune argomentazioni come forma di controllo. Poiché credono fermamente di avere sempre ragione, di essere più intelligenti e più informati e di essere migliori in tutto, è impossibile convincerli del contrario.

Discutere con un narcisista non porterà mai a un compromesso o a qualcosa di più di un'escalation che potrebbe portare a un risultato indesiderato.

Affermando la loro immaginata intelligenza superiore e la loro comprensione su qualcuno che non è d'accordo con loro, possono monopolizzare una situazione e una conversazione. Poiché discutere con un narcisista è una battaglia persa fin dall'inizio, può essere l'unico vincitore, così chiunque venga attirato in una discussione con loro finisce per sentirsi peggio e per mettere in discussione la propria intelligenza.

Una delle forme di controllo più pericolose che i narcisisti finiscono per imporre alle persone a cui sono più vicini è farvi credere che tutto ciò che è negativo riguarda voi. La realtà è che i narcisisti sono troppo egocentrici per capire che qualcun altro ha dei bisogni al di fuori dei propri.
Non è che non si dedichino agli altri in modo compassionevole ed empatico, è che sono veramente incapaci di farlo.

Così, quando si tratta di ciò che accade nella vostra relazione con un narcisista e che a lui non piace, o che lo fa sentire vulnerabile o insicuro, capovolgerà la situazione e farà di voi il problema. Questo sembra controintuitivo rispetto al sintomo fondamentale del narcisismo che è egocentrismo.

Tuttavia, poiché i narcisisti si affidano alle loro manie di grandezza e alla propria immagine, non possono permettere a nulla di mettere a rischio ciò.

Nel momento in cui i loro fragili sentimenti di superiorità sono in qualche modo compromessi, il loro auto coinvolgimento sembra svanire, e all'improvviso tutto ruota intorno a voi. Naturalmente, tutto ciò che dicono, fanno e vi incolpano è negativo e spesso proietta il loro comportamento. Essi si rifiutano di riconoscere tratti negativi dentro di sé. Tenete presente che una conversazione con un narcisista potrebbe riguardarvi tutta, ma non sarà una conversazione elogiativa o di base piacevole. È solo un altro modo per loro di usarvi per controllare le loro illusioni su se stessi.

Quando si tratta di narcisisti e di come controllano gli altri, la cosa migliore da fare è imparare a non prenderla sul personale. Questo è incredibilmente difficile, soprattutto se si tratta di un membro della famiglia, di un genitore o di un altra persona a voi molto cara. Se non possono controllare come vi sentite e manipolarvi per farvi fare ciò che vogliono loro, allora non hanno alcun potere su di voi. Mantenete una posizione forte dei vostri confini ed imparate a stabilire fiducia in voi stessi e il vostro amor proprio separato dal bisogno che avete di loro.

Esempi di strategie narcisistiche di manipolazione

Tre forme comuni di manipolazione che i narcisisti attuano per controllare coloro che li circondano e ottenere ciò che vogliono sono la gelosia, il senso di colpa e le minacce. Alcune di queste strategie di manipolazione sono subdole e più difficili da identificare, mentre altre sono molto dirette. La manipolazione è quando qualcuno usa e sfrutta qualcuno o qualcos'altro per il proprio tornaconto personale o per i propri scopi.

I narcisisti sono abili manipolatori, ma sono pericolosi perché la maggior parte delle volte le manipolazioni non sono uno sforzo cosciente. Il loro bisogno di adorazione e di gratificazione costante li porta a diventare manipolatori, in modo da poter prendere dagli altri ciò di cui hanno bisogno. Ci sono situazioni in cui orchestrano intenzionalmente una situazione manipolativa, ma il loro obiettivo generale non è solitamente inteso come dannoso o vendicativo. Stanno cercando di forzare una situazione in cui qualcuno deve apprezzarli e gratificarli. Ora, ci sono tipi di narcisisti che si appoggiano al lato maligno e rancoroso. Questi narcisisti possono diventare intenzionalmente nocivi e manipolare le persone in situazioni compromettenti per un senso di vendetta. In questi casi, la vendetta è la conferma che un narcisista ha bisogno di sentirsi superiore a quella persona. I narcisisti maligni possono diventare intenzionalmente nocivi, cercando di distruggere o in qualche modo degradare e umiliare le persone che hanno minacciato le loro fissazioni. La gelosia non si applica solo alle relazioni amorose. In qualsiasi relazione che si ha con un narcisista, sia che si tratti di una relazione amichevole, d'amore, familiare o di una relazione tra genitori e figli, la gelosia diventa un fattore. Se si dà attenzione o apprezzamento a qualcuno che non sia il narcisista nella vostra vita, si offenderà, pensando che la vostra attenzione o interesse per loro sia svanito. Di conseguenza, i narcisisti si troveranno di default in situazioni che generano gelosia, costringendovi a reagire in modo da mostrare loro quanto li apprezzate o quanto ne avete bisogno. Un esempio potrebbe essere quello di un partner pensi che il vostro interesse stia svanendo. Potrebbe flirtare apertamente con altre persone intorno a voi, istigando una reazione di gelosia in modo che si sentano superiori a voi per quanto voi li adorate e amate. L'intero obiettivo del loro flirt è quello di manipolarvi per farvi concentrare su di loro ed alimentare quindi di nuovo il loro ego. È anche un metodo che usano per testare il vostro impegno nella relazione.

Il senso di colpa è un'emozione potente. Di solito accompagna azioni e pensieri che vengono percepiti come sbagliati, ma fatti comunque. I narcisisti alterano i normali sentimenti di colpa e li usano come un modo per controllare e manipolare le persone con cui hanno una relazione. Se qualcosa che dite o fate è visto come irrispettoso o in qualche modo diminuisce la vostra adorazione nei loro confronti, essi stravolgeranno la situazione in un modo da farvi sentire colpevole. Finirete per scusarvi per qualcosa di cui non avete alcuna colpa o sentirvi in colpa in situazioni in cui non dovreste sentirvi affatto!

Un esempio di applicazione del senso di colpa come mezzo per manipolare potrebbe arrivare sotto forma di narcisista che cerca di occupare i tuoi spazi. Per esempio, se decidete di saltare un Natale in famiglia, per qualsiasi motivo. Quando lo direte al vostro genitore narcisista che non sarete presenti per le feste, potrebbe cercare di farvi sentire in colpa dicendovi qualcosa del tipo: "Beh, vi manderemo indietro tutti i regali e non ne riceverete nessuno".

Questo tipo di manipolazione è progettata per farvi sentire come se aveste in qualche modo fatto loro un torto, e per questo motivo sarete ai loro occhi una brutta persona ed immeritevole. Una terza tecnica di manipolazione comunemente usata è quella delle minacce. Le minacce possono assumere molte forme, e alcune sono più estreme di altre. È difficile scambiare una minaccia per qualcosa di diverso da ciò che è, ma il modo in cui i narcisisti mettono in atto un comportamento minaccioso spesso è fatto in modo da farvi pensare che non vi state sforzando abbastanza o che li state allontanando in qualche modo.

In una relazione amorosa, una minaccia comune dei narcisisti è la fine della relazione. Se un partner cerca di affermare un qualsiasi tipo di controllo su se stesso, o cerca di porre dei limiti, un narcisista è in grado di minacciare una rottura per riprendere il controllo della situazione e costringere il proprio partner a ritornare in un ruolo inferiore. In alcuni casi estremi, il danno fisico o la violenza possono essere minacciata se un narcisista è predisposto anche a tendenze violente.

Vale la pena notare che non tutti i narcisisti sono violenti, così come non tutti gli psicopatici sono serial killer. I disturbi di personalità sono una variante come le personalità umane, e all'interno di ogni nicchia ci sono ulteriori variazioni e fattori che contribuiscono. La mancanza di empatia per gli altri, e il sentimento di superiorità al punto di vedere gli altri intorno a loro come oggetti per i loro bisogni, può portare e talvolta porta a comportamenti violenti e persino alla morte.

Queste sono informazioni di cui bisogna essere consapevoli, ma bisogna capire che la violenza non è un tratto distintivo della NPD.

Altri tipi di minacce possono essere più sottili degli ultimatum o delle dichiarazioni di grandi cambiamenti se un narcisista non ottiene ciò che vuole. Le minacce più subdole confondono, perché di solito portano la persona che viene minacciata a rinunciare a qualcosa o a scendere a compromessi senza nemmeno rendersi conto di essere stata manipolata in quella situazione. Una minaccia sottile può arrivare con una frase del tipo: "Pensi che qualcuno ti crederà se glielo dici? Quando racconterò loro la mia versione della storia, nessuno ti crederà", oppure "Vuoi davvero che dica a tutti come sei veramente?

Le minacce dirette e le minacce velate sono spesso usate per giocare sulla paura e affermare il controllo sul corpo, la mente e le convinzioni. Le minacce sottili sono destinate a giocare sulle vostre insicurezze senza essere rilevate come comportamenti inappropriati o abusi. Chiunque abbia un narcisista nella propria vita, molto probabilmente prova una certa dose di bassa autostima e di bassa fiducia in se stesso, solo per il fatto di trovarsi intorno a una personalità forte che è così esigente e che spesso sminuisce. I narcisisti si affidano a queste forme di manipolazione per mantenere le persone intorno a loro concentrate sui loro bisogni.

La manipolazione è uno strumento involontario usato dai narcisisti per soddisfare i propri bisogni e desideri a spese altrui. Il più delle volte le tattiche che usano possono essere molto degradanti e persino disumanizzanti. Il primo passo per superare il trauma legato ad un rapporto con un narcisista è capire che il loro comportamento non vi riguarda.

2: GENITORI NARCISISTI

Il narcisismo in un genitore - I segni che devi conoscere

In un articolo di Preston Ni, MSBA, *10 Segni di un genitore narcisista* pubblicato su *Psychology Today*, elenca i dieci tratti più comuni di un genitore narcisista come:

- Usare o vivere attraverso il proprio figlio
- Marginalizzazione
- Grandiosità e superiorità
- Immagine superficiale di sé
- Manipolazione
- Inflessibilità e irritabilità
- Mancanza di empatia
- Dipendenza e codipendenza
- Gelosia e possessività
- Trascuratezza/negligenza

È importante distinguere tra la genitorialità narcisistica e la genitorialità generale che si sovrappone a tratti narcisistici.

Non è raro che i genitori vogliano che i loro figli li rendano orgogliosi. I genitori vogliono che i loro figli abbiano successo e spesso amano vantarsi del loro successo e dei risultati ottenuti dai loro coetanei. Alcuni genitori amano incoraggiare i propri figli a fare attività che non hanno potuto svolgere nell'adolescenza. I genitori possono essere severi quando puniscono i propri figli, fanno pressione su di loro e a volte hanno grandi aspettative. Tuttavia, nella maggior parte di questi casi, i bambini possono ancora sviluppare la propria identità e diventare individui.

Con un genitore narcisista, non viene dato ai loro figli l'opportunità di affermarsi come individui o di diventare indipendenti. I figli dei narcisisti, anche una volta diventati adulti, vengono manipolati e usati solo per servire i bisogni narcisistici dei loro genitori. Questa è la differenza di fondo nella genitorialità che distingue i narcisisti dai genitori eccessivamente zelanti.

Quando un genitore usa il proprio figlio o trova un modo per vivere indirettamente attraverso di lui, non è necessariamente una cosa negativa.

La maggior parte dei genitori vuole vedere i propri figli avere successo e vuole condividere qualcosa con il proprio figlio, come una attività amata.

Tuttavia, i genitori narcisisti, fanno valere i loro sogni sui loro figli, impedendo loro di stabilire i propri desideri e obiettivi. Questo costringe il bambino a diventare un'estensione del genitore, e significa che qualsiasi risultato ottenuto dal bambino si riflette sul genitore narcisista. Questo soddisfa il loro bisogno di adorazione e di gratificazione da parte degli altri.

In un rapporto sano tra genitori e figli, i bambini sono incoraggiati ad avere i propri sogni, obiettivi e desideri. Un genitore può introdurre qualcosa che piace a un bambino, ma se il bambino non mostra interesse, gli è permesso di esplorare altre opportunità ed interessi. I genitori narcisisti, manipoleranno la loro prole in aspettative che vanno a solo beneficio dei loro desideri egoistici. La marginalizzazione si verifica se un genitore narcisista si sente come se il figlio fosse una minaccia per lui.
Se il potenziale della loro prole potesse eclissare il loro, un genitore narcisista ricorrerà a tattiche che emargineranno il progresso del figlio e lo sminuiranno.

L'emarginazione può presentarsi in un genitore eccessivamente critico, che si fa beffa delle insicurezze e dei minimi particolari dei propri figli. Giudizi, smentite, rifiuto delle conquiste di un figlio ed invalidamento delle emozioni sono tutti esempi di come un genitore narcisista può emarginare il proprio figlio.

La grandiosità e la superiorità che sono sintomi comuni nei narcisisti possono manifestarsi in due modi diversi nei loro figli. Una rappresentazione è che i bambini raccolgono il falso senso di superiorità dei genitori. Guardano i loro coetanei dall'alto in basso, si aspettano gratificazione e adorazione per essere "migliori", e sviluppano problemi comportamentali con le figure autoritarie. Altri bambini sono sottoposti allo stesso trattamento inferiore di chiunque un narcisista ritenga indegno.

I genitori narcisisti amano avere un'immagine superficiale di se stessi per il resto del mondo. Useranno i loro figli e la famiglia come un modo per ostentare quanto sia bella la loro vita e quanto sia invidiabile la loro famiglia. Tutto questo è un tentativo di ottenere più consensi e di far sì che gli altri invidino egoisticamente la loro vita. Purtroppo, si tratta solo di atteggiarsi per usare i propri figli a beneficio della propria immagine personale. Essere abili manipolatori è una pietra miliare della NPD. Lo fanno tutti.

Anche i genitori, e come i narcisisti non genitori, la manipolazione è raramente intenzionale. Si tratta di ottenere ciò di cui hanno bisogno senza considerare l'effetto sugli altri.

I pensieri dei genitori narcisisti includono il senso di colpa, il biasimo, la vergogna, l'imposizione di aspettative irrealistiche, la manipolazione emotiva, il confronto negativo con gli altri e le minacce attraverso un approccio di ricompensa e punizione. I narcisisti faranno penzolare l'amore sulla testa dei loro figli solo come ricompensa per averli accontentati. Trattenere l'amore diventa una punizione (Ni, 2016, 11.).

Ci sono stati casi in cui genitori narcisisti hanno "microgestito" i loro figli. Questa gestione è un tentativo di controllare ogni dettaglio della loro vita. Se c'è un momento in cui un bambino esce da questa aspettativa inflessibile, può essere accolto con rabbia, punizioni severe ed irascibilità. Queste aspettative potrebbero essere poco chiare quanto un genitore che si arrabbia con il proprio figlio per aver fatto la domanda sbagliata al momento non opportuno. L'aspettativa è che il bambino sappia che si è comportato in modo sbagliato, e la reazione sproporzionata è che il genitore narcisista, arrabbiato, non può controllare ogni azione del figlio.

Poiché i narcisisti sono privi di empatia, questo è presente anche con i genitori narcisisti. Un bambino con genitori narcisisti raramente fa sentire la propria voce o soddisfa i propri bisogni perché il genitore o i genitori sono incapaci di vedere oltre i propri bisogni.

Ci sono tre risposte che i bambini hanno a questa mancanza di empatia. La prima risposta è la lotta contro i genitori.

La seconda risposta è nascondersi o fuggire e prendere le distanze. La terza risposta è un meccanismo di difesa in cui si crea una falsa personalità di se stessi che viene convalidata e può avere anche tratti narcisistici (Ni, 2016, 16.). I genitori narcisisti possono e vogliono manipolare i loro figli per far sì che si prendano cura di loro per il resto della loro vita.

Potrebbero manipolare i loro figli per sostenerli finanziariamente o aspettarsi che siano sempre disponibili emotivamente, convalidandoli costantemente. Alcuni genitori narcisisti possono anche costringere i loro figli a diventare codipendenti, usandoli per confermare e abilitare i loro tratti negativi.

Quando il figlio di un genitore narcisista mostra segni di indipendenza o di identità personale, questo fa nascere la gelosia. È particolarmente vero per quanto riguarda gli amici e le relazioni. Un genitore narcisista potrebbe insistere nell'approvare gli amici con cui i figli vogliono passare del tempo o controllare l'ambiente in cui i figli socializzano. I partner invece, sono soggetti a un esame e ad un giudizio particolarmente brutale da parte dei genitori narcisisti, poiché sono visti come una sfida al dominio di un genitore sul proprio figlio.

Purtroppo, molti bambini con genitori narcisisti soffrono di negligenza. I narcisisti sono troppo egocentrici per rendersi conto che i loro figli hanno dei bisogni. La novità dell'educazione dei figli può svanire rapidamente e diventare poco interessante. Un genitore narcisista può trascurare i bisogni emotivi, mentali e fisici dei propri figli, trovandoli scomodi. Inoltre, la mancanza di empatia che i narcisisti possiedono interferisce con la loro capacità di comprendere che un bambino ha dei bisogni, come l'interazione sociale e l'arricchimento mentale. Se questi dieci tratti sono i più comuni che si vedono nei genitori narcisisti, non sempre coesistono insieme, e c'è sempre spazio per la variazione.

Come un genitore narcisista influenza un bambino

Ricorrendo alla manipolazione e all'abuso emotivo e mentale, così come all'abuso fisico in alcuni casi, i genitori narcisisti sono in grado di influenzare la crescita, lo sviluppo e la vita dei loro figli fino all'età adulta. Se siete stati cresciuti da un narcisista, potreste non essere in grado di uscire dal ciclo o dal modello fino a quando non sarete in grado di ottenere un'assistenza professionale. I bambini sono impressionabili.

Nella loro infanzia raccolgono il sapore delle persone che li circondano, come un fungo.

Prima che abbiano veramente stabilito la loro identità e la loro personalità, sono plasmabili. Generalmente, nell'adolescenza, i bambini sono incoraggiati a provare cose nuove, ad esplorare e a stabilire obiettivi e sogni per se stessi. Queste pietre miliari della crescita sono ciò che aiuta un bambino a diventare adulto con ambizioni, aspirazioni ed avere la propria direzione nella vita.

Purtroppo, i genitori narcisisti vedono i loro figli come strumenti, un mezzo per raggiungere un fine, e quel fine è la loro stessa gratificazione. Per questo motivo, l'impatto mentale ed emotivo sui bambini cresciuti da narcisisti può essere nocivo. Se si tratta di negligenza e di abusi fisici, i bambini possono subire lesioni, malattie e, in casi estremamente estremi, la morte. I tratti comuni che i genitori narcisisti usano su e contro i loro figli possono portare a comportamenti comuni che i bambini cominciano a mostrare e spesso portano nell'età adulta.

Un bambino il cui genitore narcisista usa per realizzare i propri sogni potrebbe non sviluppare mai la propria ambizione di formare obiettivi di vita per se stesso. Potrebbero essere intrappolati per sempre nella mentalità di vivere secondo i desideri dei loro genitori. Se un bambino cresciuto da uno o più genitori narcisisti è soggetto all'emarginazione, potrebbe crescere senza fiducia in se stesso, senza autostima, ed essere incapace di elaborare o provare emozioni in modo sano. Questo è particolarmente vero se le loro conquiste e le loro emozioni sono costantemente invalidate e minimizzate. In età adulta, questo può trasformarsi in problemi di salute emotiva e mentale che potrebbero richiedere una terapia comportamentale per essere affrontati.

Non è raro che i bambini cresciuti in un ambiente in cui un genitore ha un esagerato senso di grandiosità e superiorità abbiano problemi successivamente nella costruzione di relazioni sane o durature con i coetanei e i loro partner. Porta anche a bambini e adolescenti che si ribellano alle figure autoritarie, pensando di essere migliori o al di sopra delle regole.

Nel corso del tempo, questo può portare i giovani e gli adulti a lottare per mantenere dei posti di lavoro, a intraprendere qualsiasi tipo di carriera professionale, e a vivere una vita molto solitaria e piena di risentimento.

Insieme al senso di superiorità che i bambini cresciuti dai narcisisti possono apprendere, anche un'immagine superficiale della perfezione e della felicità potrebbe influenzarli. Crescendo, i bambini che sono sempre stati al centro di questa finta perfezione, possono diventare piuttosto vanitosi e, di conseguenza, cercare di mantenere la propria immagine superficiale per il resto del mondo.

Purtroppo, nessuna vita è perfetta e non importa quanto la vita di qualcuno appaia meravigliosa sui social media o quanto sembri meravigliosa ogni volta che è fuori in pubblico, ci sono brutte giornate e brutti momenti per tutti che non si vedono. Se un bambino è sempre sotto i riflettori, potrebbe non imparare mai che la perfezione non è la realtà.

Non riuscire ad accettare che la perfezione non è la realtà può portare a relazioni che vanno in frantumi con il primo argomento, e giovani adulti che si arrendono e smettono di provarci ogni volta che ricevono un feedback negativo o non riescono immediatamente in una cosa. L'idea che se non è perfetta, non funziona non è utile quando si tratta di crescita e sviluppo personale.

I bambini che vengono manipolati dai loro genitori faticano a diventare la loro persona e a trovare la loro indipendenza. Non sono in grado di imparare a conoscere se stessi e le proprie emozioni; tutti i pensieri che hanno nei confronti di se stessi possono essere eccessivamente critici o autodegrinatori. Questa intensa autocritica crea una mentalità in cui sentono di non poter fare nulla di giusto, di non valere nulla, e si affidano al loro genitore narcisista per prendersi cura di loro e prendere decisioni. Le manipolazioni che i genitori narcisisti mettono in atto li mettono in condizione di essere facilmente manipolati dai loro genitori in futuro, ma anche da chiunque altro scopra in loro questa vulnerabilità.

Se un bambino viene cresciuto da un genitore narcisista, severo e permaloso quando si tratta di micromanipolazione e punizione, può essere soggetto ad abusi fisici come forma di punizione, che portano a malattie e lesioni.

Anche le punizioni non fisiche per le rigorose aspettative hanno un impatto sui bambini e li lasciano con un trauma che li accompagna fino all'età adulta.

Potrebbero diventare eccessivamente dispiaciuti con tutti coloro che incontrano, accettando istintivamente la colpa ogni volta che si presenta un problema. Potrebbero non essere mai disposti a provare cose nuove o a uscire dal loro rigoroso programma autoimposto.

Potrebbero sviluppare un attaccamento malsano alle regole ed ai regolamenti, avendo bisogno di qualcosa che li guidi, in modo da sapere come ci si aspetta che si comportino. Questo può limitare la creatività e la capacità di una persona di prendere le proprie decisioni.I bambini che sono cresciuti intorno alla mancanza di empatia, risultato di una genitorialità narcisistica, possono sviluppare una delle tre risposte per farvi fronte.

Un bambino può imparare a combattere, a prendersela con i genitori o con altre persone e a difendersi da solo.

Questo può aumentare la situazione con i genitori narcisisti in alcune direzioni diverse ed estendersi nell'età adulta, dove sentono di dover lottare costantemente per la loro capacità di essere se stessi. Un'altra risposta è la risposta di volo di allontanarsi e di allontanarsi emotivamente dai propri genitori.Purtroppo, la distanza può portare all'apatia o all'immaturità emotiva, che ostacola notevolmente la capacità di avere relazioni normali. Un'altra risposta è il congelamento sul posto, creando la propria personalità convalidata. Questo crea un'illusione in cui i bambini si nascondono.

I genitori narcisisti che fanno valere la dipendenza e la codipendenza dai propri figli contribuiscono a una età adulta in cui i figli sentono di doversi prendere cura dei genitori e di dover consentire il loro narcisismo. I bambini e gli adulti si sentono come se dovessero essere l'adulto o il responsabile e elargiscono amore e cura per il loro genitore narcisista.La possessività e la gelosia diventano un ostacolo per un figlio di genitori narcisisti quando si tratta di stringere relazioni.

I narcisisti vogliono essere coinvolti in tutte le relazioni della vita del loro figlio, in modo che nessuno possa "portarglielo via", o sfidarlo a dominarlo e ad attirare l'attenzione. I bambini cresciuti dai narcisisti lottano soprattutto per avere relazioni che non siano costantemente sollecitate da un genitore narcisista. I bambini che vengono trascurati in qualsiasi modo avranno effetti duraturi.

Sia che la trascuratezza sia fisica e legata ai bisogni fondamentali della vita, mentale e legata alla cura e all'apprendimento, sia emotiva, i risultati sono traumi duraturi che possono manifestarsi in modi diversi. L'abbandono fisico può portare a lesioni, malattie, malnutrizione. L'abbandono di tipo mentale nega la stimolazione e l'educazione dei bambini per incoraggiarne l'intelligenza e la loro crescita.

I bambini i cui bisogni emotivi sono trascurati finiscono per non capire le emozioni, diventano eccessivamente bisognosi di emozioni o apatici. Gli effetti degli abusi narcisistici dai genitori ai loro figli sono costantemente presenti nella loro vita di bambini, adolescenti e adulti. Ci vuole molto lavoro per identificarli e superarli.

I narcisisti amano i loro figli?

I genitori con NPD spesso vedono i propri figli come un'estensione di se stessi, utilizzandoli per promuovere la propria immagine esagerata di sé. Ma i narcisisti possono amare i loro figli?

Visti come un'estensione di se stessi, i narcisisti possono estendere ai propri figli i propri sentimenti verso se stessi? Poiché i narcisisti mancano di empatia e compassione per gli altri, sono veramente incapaci di mostrare amore e affetto incondizionato a chiunque altro. Questo, purtroppo, include i loro figli. I genitori narcisisti sono spesso assorbiti dalla fantasia di essere il genitore perfetto e di crescere il figlio perfetto. Ci sono due risultati che possono derivare da questo desiderio fantasioso.

Il primo risultato è che una madre o un padre che soffre di NPD perderà interesse per il proprio figlio se percepisce che il bambino non è all'altezza delle sue aspettative.

Questi sono i casi in cui la negligenza è comune. Non solo un genitore narcisista non ha gli strumenti per essere sensibile e consapevole dei bisogni del proprio figlio, ma può annoiarsi con un figlio che non ritiene in grado di soddisfare i suoi bisogni, con conseguente trascuratezza.

La seconda situazione che deriva dal narcisismo nei genitori è un genitore prepotente ed ipercontrollato. Questo accade con i genitori che vogliono usare i propri figli per migliorare la propria immagine di sé. Anche in questo caso, non essendo in grado di comprendere il proprio figlio, ignorano le sue esigenze per imporre i loro obiettivi e i suoi desideri.

Questo tipo di genitorialità narcisistica può sembrare una relazione affettuosa e coinvolgente tra genitori e figli, ma è ingannevole.

Tutta l'attenzione e l'amore che questi genitori dedicano a un bambino non provengono da un luogo di amore incondizionato. Purtroppo proviene da un luogo dove l'amore e la gratificazione sono negati se un bambino non soddisfa le aspettative dei genitori nei loro confronti.

Un bambino in questa situazione è educato ad obbedire, rispettare e valorizzare il genitore, anche quando nessuno di questi sentimenti viene ricambiato dal genitore stesso. Si tratta di un rapporto molto unilaterale. Il problema di fondo in una relazione genitore/figlio in cui il genitore ha la NPD è che il genitore è emotivamente disconnesso.

Nei casi in cui i bambini sono trascurati, il genitore narcisista è così distaccato da non capire che il loro bambino è anche un essere vivente con esigenze nutrizionali, fisiche, emotive e mentali. Nel caso di un genitore che controlla in modo eccessivo, questi ultimi non hanno idea che la pressione che esercitano sui loro figli è nociva. Non possono accettare che i loro figli possano avere sogni, obiettivi e desideri propri, o che comunque esistano come qualcosa di più di un'estensione di se stessi da usare.

La risposta breve è no, i genitori narcisisti non sono in grado di amare i propri figli. Si tratta di un fenomeno psicologicamente complesso, poiché il disturbo di personalità del narcisismo inibisce completamente l'empatia dei genitori, anche nei confronti dei figli. Più complesso di così è il fatto che i bambini spesso non capiscono che i loro genitori sono incapaci di amarli.

I bambini che hanno genitori narcisisti molto coinvolti vengono probabilmente educati a credere che i loro genitori li amano e che darebbero loro tutto ciò che vogliono. Naturalmente, questo comporta la condizione che il bambino faccia tutto ciò che il genitore vuole, si comporti esattamente come vuole, ecc. Un bambino cresciuto in queste circostanze, senza avere i mezzi per sviluppare una sana comprensione dell'amore, non sarà in grado di distinguere il comportamento narcisistico dall'amore dei genitori.

Diventa condizionato a credere che l'amore e l'affetto abbiano un prezzo. I genitori narcisisti possono essere ingannevoli. A causa del carisma naturale e dell'apparente magnetismo dei narcisisti, essi tendono a chiedere, apertamente e sagacemente, attenzione e gratificazione. Spesso lo fanno facendo girare le fantasie e catturando l'attenzione degli altri che si sentono speciali in loro presenza. Questa stessa natura ingannevole può essere usata anche sui loro figli, e non è raro che i figli dei narcisisti siano costantemente trascinati nelle manipolazioni dei loro genitori. In fin dei conti, non si tratta di come i genitori si sentono nei confronti dei loro figli.

Attraverso il senso di colpa, l'emarginazione, le condizioni basate sull'affetto, la gratificazione e la codipendenza, i narcisisti manipolano i loro figli. Anche se i narcisisti non amano e non possono amare i loro figli, se lo aspettano in cambio. Questo squilibrio nel ricambio emotivo crea un ambiente molto confuso in cui i bambini possono essere cresciuti. Alcuni bambini cresciuti da genitori narcisisti potrebbero provare a spingere i loro genitori, o metterli alla prova per vedere se riescono a far sì che i loro genitori NPD li amino? Un bambino potrebbe intenzionalmente mettersi in pericolo per cercare di ottenere l'amore incondizionato che desidera. La speranza di fondo è che un genitore narcisista li apprezzerà di più quando si renderà conto che potrebbe perderli.

Purtroppo, i veri narcisisti non possono essere influenzati dall'empatia e dalla compassione. Potrebbero mostrare grande angoscia per il fatto che il loro figlio è in pericolo, si ferisce o sta per morire, ma sotto la superficie, non è altro che una manifestazione superficiale per mostrare agli altri che sono il genitore perfetto.

Idealmente, un bambino che sia adeguatamente socializzato e che abbia un modello positivo di vita da coetanei e adulti, sarà in grado di crescere relazioni sane e di avere una migliore comprensione dell'amore, dell'affetto e di una sana dinamica tra genitori e figli. Potrebbe volerci un po' di tempo, ma con i modelli di ruolo appropriati, un bambino con genitori narcisisti può scoprire da solo che il trattamento dei genitori non è appropriato.

Conoscere non facilita necessariamente gli effetti traumatici dell'essere cresciuti da un genitore narcisista. Tuttavia, apre la porta alla guarigione e all'instaurazione di un'età adulta più normale, separata dai genitori. Per esempio, se un bambino è stato cresciuto in una famiglia con genitori divorziati e non ha avuto coppie "a lungo termine" nella sua famiglia o a testimoniare nelle famiglie dei suoi amici, potrebbe crescere con l'idea che nessuna relazione dura e che non ha senso essere coinvolti sentimentalmente o avere una famiglia.

Dall'altro lato, un bambino i cui genitori sono divorziati, ma che ha almeno una o più coppie intorno a sé, sposate da lungo tempo e con una dinamica familiare stabile, può sperimentare i lati positivi delle relazioni amorose. È più probabile che crescano con il desiderio di una storia d'amore a lungo termine, di un matrimonio e di una famiglia propria, perché hanno avuto esperienze positive e hanno capito che era possibile.

Lo stesso si può dire dei bambini cresciuti da narcisisti. Non tutti i figli di genitori narcisisti sono esposti a tali modelli di ruolo positivi, e ciò può ostacolare notevolmente il loro sviluppo emotivo in età adulta. Mentre i narcisisti non possono amare i loro figli, perché non hanno la capacità fondamentale, possono rappresentare un senso di amore basato sulle condizioni. Questo può portare a grande confusione e disturbi come il Complex-PTSD (Disturbo da Stress Post-Traumatico Complesso) negli adolescenti e negli adulti in crescita.

Che cos'è un Narcisista Enabler?

Poiché i genitori narcisisti possono essere molto manipolatori, in modo particolare per i loro figli, non è infatti raro che i figli o anche i coniugi diventino codipendenti e rendano possibile il comportamento di un narcisista.
Enabler è quando qualcuno permette, e a volte incoraggia, comportamenti o tratti negativi in qualcun altro.

In questo contesto, qualcuno incoraggia un narcisista, alimenta il suo ego e gli permette di essere un manipolatore, insieme ad altri comportamenti complessi.

Chiunque può essere un enabler: un membro della famiglia, un amico, un figlio, un genitore, ecc. Un esempio di enabler, in un caso estremo, potrebbe essere una madre che fornisce soldi alla figlia, sapendo che la figlia userà questi soldi per comprare della eroina. In una dinamica familiare, il coniuge, il partner o il figlio è il più comune enabler di un narcisista. Una tattica che i narcisisti usano per sfruttare coloro che li circondano è quella di coltivare relazioni codipendenti.

La codipendenza è quando una persona in una relazione permette un comportamento, una dipendenza, la propria salute psichica o altre preoccupazioni malsane in un'altra.
La figura enabler è bloccata in un circolo vizioso, pensando di dover fornire quelle conferme per ottenere affetto o accettazione dalla persona che sta abilitando.

Avere un coniuge o un partner che permette al proprio partner narcisista, soprattutto quando sono coinvolti dei figli, è particolarmente pericoloso. Non solo il bambino soffre per mano di un genitore narcisista, ma il genitore congiunto incoraggia, e a volte anche difende questo comportamento. Questa dinamica codipendente tra genitori crea un ulteriore spostamento di potere tra figli e genitori, ed è noto per avere effetti a lungo termine sui bambini.

In un partenariato in cui uno è un narcisista che ha imposto una relazione codipendente con l'altro, il non narcisista è probabilmente molto condizionato a rispondere al narcisista in un certo modo. Quando un bambino viene coinvolto, è molto probabile che il non narcisista sia rimasto talmente intrappolato nella propria relazione tossica che non riesca a sostenere il benessere del proprio figlio. Ora, in alcune situazioni, l'istinto genitoriale è molto più forte e l'aggiunta di un figlio è ciò che determina un cambiamento positivo nella dinamica familiare.

Ecco un esempio di codipendenza tra coniugi o partner in cui uno è narcisista e l'altro è un enabler: immaginate una situazione in cui un figlio cerca di difendersi dai genitori narcisisti.
I genitori con NPD possono reagire in modo molto esplosivo e persino violento nei confronti dei figli che esprimono qualsiasi tipo di indipendenza. Un tipo di comportamento enabler da parte del genitore congiunto può manifestarsi in un paio di modi diversi.

Una manifestazione di un codipendente-enabler in questa situazione sarebbe il genitore congiunto che guarda mentre il genitore narcisista punisce senza intervenire per difendere o proteggere il proprio figlio.

Un altro caso potrebbe comportare che l'enabler parli al figlio dopo il fatto, difendendo le azioni del narcisista e arrivando persino a giustificarlo dicendo che il figlio "sa bene" che non deve mettere alla prova il genitore narcisista. Questi comportamenti e dinamiche possono essere essere molto traumatiche per un bambino.

Questo comporta che il bambino si senta solo, non amato, e come se non avesse una famiglia di cui fidarsi o in cui confidarsi. La parte difficile da comprendere, e la maggior parte dei figli non lo farà fino all'età adulta, è che il loro genitore codipendente ed enabler potrebbe non soffrire di un grave disturbo mentale, sono anche loro delle vittime di un comportamento narcisistico tanto quanto lo è un bambino.

Anche un bambino può diventare un enabler narcisistico per i genitori. Essendo nato in una situazione con un narcisista, è facile per un genitore narcisista plasmare un bambino nel perfetto soggetto codipendente. Fin dalla più tenera età cominciano ad "addestrare" il loro bambino su quale comportamento vogliono, e come dovrebbero comportarsi.

Questi comportamenti potrebbero diventare normali per i bambini, portando alla possibilità che i bambini comincino a difendere le azioni dei genitori perché "così è sempre stato".

Quando il figlio di un narcisista diventa un enabler codipendente, ha molte più difficoltà a stabilire la propria identità, la propria carriera e le proprie relazioni. Sono loro che finiranno per essere manipolati per far sì che si prendano cura del loro genitore narcisista. Potrebbero avere difficoltà anche a lasciare la casa del genitore perché l'aspettativa di assistenza emotiva e finanziaria è molto alta. I bambini che si bloccano in queste situazioni non si rendono nemmeno conto di come stanno autorizzando il narcisismo.

Eppure, ogni volta che accettano di offrire un sostegno finanziario, o ogni volta che lasciano che il loro genitore narcisista affermi il controllo, permettono che lo schema continui. È veramente difficile uscire dalla codipendenza, ed è per questo motivo che la si può portare avanti fino all'età adulta. Ci sono diversi modi in cui i bambini possono mostrare tendenze codipendenti e enabler verso genitori narcisisti.

Dal momento che i genitori con NPD tendono ad essere particolarmente severi e critici nei confronti dei partner amorosi nella vita dei loro figli, un bambino che è un enabler narcisista spesso difenderà gli insulti dei genitori, i commenti denigranti e gli ovvi tentativi di destabilizzare la relazione con il partner. In questo modo, i figli che lo permettono ai loro genitori narcisisti possono avere grandi difficoltà a formare legami di amicizia ed amore.

Nel caso di una madre che dà alla figlia dei soldi che sa che saranno usati per la droga, la madre probabilmente sa che è sbagliato.

Tuttavia, razionalizzerà pensando di non poter lasciare che la figlia stia male o che soffra. Sa che drogarsi è un male per la figlia e che a lungo può solo andare peggio, ma al momento non vuole veder soffrire la propria figlia.

Quando si è enabler, la conoscenza di ciò che è giusto e ciò che è sbagliato è molto distorta. Dal momento che i narcisisti usano la manipolazione come tattica principale per creare codipendenza e comportamenti di consenso, un enabler narcisista avrà più difficoltà a determinare che essi siano usati e che le loro azioni siano più nocive. A volte questo è dovuto ad anni di condizionamento emotivo e mentale. In altri casi, specialmente con un genitore narcisista, diventa un meccanismo di difesa. Un bambino comincia a razionalizzare, a normalizzare e ad accettare questa codipendenza come la sua vita.

È l'unico modo in cui può interagire in modo sicuro con il genitore narcisista. La codipendenza viene utilizzata dal genitore narcisista come forma di manipolazione dei loro figli per alimentare il loro bisogno di conferme.

Segni che hai subito un abuso narcisistico

Ogni bambino cresciuto da un narcisista avrà una vita diversa. Impareranno diversi meccanismi di reazione, avranno personalità diverse e reagiranno in modo diverso alle circostanze che troveranno. Negli studi psicologici che si concentrano sugli effetti dell'abuso narcisistico nei bambini, ci sono alcuni tratti comuni che emergono in relazione alle caratteristiche che portano nell'età adulta. Anche se alcuni tratti sono notevolmente diffusi, ciò non significa che si manifestino allo stesso modo. Qui di seguito sei segni comuni che sono associati ad abusi narcisistici da parte dei genitori sono:

- Vi sentite un debole/zerbino
- Temete di essere un narcisista
- Siete competitivi e pieni di risentimento nei confronti di chi vi circonda, specialmente i vostri fratelli e sorelle
- Vi sentite più partner dei vostri genitori che dei figli
- Vi concentrate sui vostri obbiettivi e sui vostri successi come forma di autorealizzazione
- Non avete sogni, obiettivi o desideri che siano vostri

Il concetto di essere un debole, un bersaglio facile o uno zerbino è quando si è costantemente colpevoli per cose di cui non si è responsabili o che non richiedono giustificazioni. Questo è il risultato della rigidità che i narcisisti esprimono quando crescono i loro figli, così come l'attuazione del senso di colpa emotivo. I bambini che sono cresciuti in un ambiente in cui una eccessiva quantità di sensi di colpa emotiva e di minacce sono usati con il fine di manipolarli sviluppano una natura eccessivamente apologetica. Sono stati condizionati e cresciuti credendo che le loro azioni dovrebbero farli sentire colpevoli e che dovrebbero scusarsi, giustificarsi per conto loro.

Inoltre, essere cresciuti da un narcisista lascia loro la sensazione che i loro bisogni non siano importanti. La mancanza di empatia che un narcisista ha, infatti, fa costantemente crollare la fiducia del bambino e la sua comprensione dei suoi bisogni personali.

Nell'età adulta, questo si manifesta come lo scusarsi, o lasciare che gli altri "vi calpestino". Quando si viene educati a pensare che i propri bisogni e i propri desideri non contano, questo diventa un modello di pensiero regolare. Non è raro che i figli cresciuti da narcisisti assorbano e assumano tratti narcisistici. Ciò vale soprattutto per l'immagine superficiale ed egocentrica della perfezione.

I social media rendono molto più facile ritrarre la vita perfetta, estrosa attraverso immagini e status facilmente caricabili sui profili online. Poiché alcuni di questi tratti sono trasferibili, e i figli che li prendono da genitori narcisisti potrebbero arrivare a credere di essere narcisisti anche loro. Mentre è possibile per i figli cresciuti da narcisisti sviluppare anche la NPD, se siete preoccupati di essere un narcisista, probabilmente non lo siete. I narcisisti non amano ammettere che qualcosa non va in loro perché rompe l'illusione della perfezione. Sarebbe molto raro che un vero narcisista si chiedesse se è narcisista, tanto più che quel termine viene utilizzato in modo spregiativo nella società odierna.

Poiché i genitori narcisisti usano tattiche come l'emarginazione, il confronto ed alte aspettative, oltre a usare l'amore e l'elogio per premiarlo o trattenerlo come punizione, i genitori narcisisti possono creare un forte senso di competizione nella loro prole. I figli dei narcisisti possono diventare competitivi con i loro fratelli/sorelle o coetanei, avendo sempre bisogno di essere "migliori" di loro perché sono stati cresciuti per credere di essere superiori. Se ci sono fratelli/ sorelle, i narcisisti sono incapaci di incoraggiare un sano rapporto tra loro. Pertanto, i metodi che usano per manipolare la loro prole possono creare risentimento e competizione l'uno con l'altro.

Se un figlio viene trascurato mentre l'altro viene sfruttato per soddisfare i desideri del genitore, questo può favorire la competizione e il risentimento. Per mantenere l'attenzione su se stessi, i narcisisti possono manipolare i loro figli per farli competere tra loro in modo che diventino il punto focale della loro attenzione.

Purtroppo, questo risentimento e la necessità di competere possono portarseli dietro nell'età adulta, non solo con i fratelli/sorelle, ma anche con i loro coetanei, i partner, amici e colleghi di lavoro.

A causa della codipendenza e del bisogni narcisistici dei genitori di far sì che i figli si prendano cura di loro, non è raro che i bambini diventino assistenti dei genitori. Potrebbero assumersi l'onere finanziario per il genitore: comprare la spesa, pagare le bollette, o subire pressioni per ottenere un buon lavoro in modo da poter mantenere il genitore. Questa inversione di ruolo trasforma un bambino in un partner per il genitore. I genitori narcisisti possono anche chiedere sostegno emotivo ai loro figli. Si aspettano che i loro figli siano disponibili in qualsiasi momento, in modo da potersi confidare con loro sui loro problemi e ricevere gratificazione e conferme. Ancora una volta, essere in un ruolo per il sostegno emotivo mette i bambini in un ruolo di partenariato piuttosto che che mantenere un normale rapporto bambino/genitore.

Molti narcisisti si valutano in base ai loro notevoli risultati ed a ciò che loro considerano come risultati che contribuiscono alla loro immagine. I figli dei narcisisti di solito si aspettano che portino avanti questo "mantello", essendo un'estensione delle grandi realizzazioni e dei risultati che tengono vivo l'ego del loro genitore narcisista e il bisogno di gratificazione. Quando un bambino ha successo, parte dell'abuso narcisistico è in un genitore che offre gratificazioni e amore al bambino per i suoi successi. Imparare fin da piccoli che il successo e la realizzazione sono il modo in cui si riceve affetto e amore rende queste conquiste una fonte o di autostima e/o di valore personale.

Molti figli di narcisisti hanno grandi aspettative per se stessi e hanno desideri quasi irrealistici di avere successo in tutti gli aspetti della loro vita. I genitori narcisisti non vogliono che i loro figli abbiano una propria indipendenza o identità. Ciò significa che al di fuori delle aspettative, dei sogni e degli obiettivi dei genitori, i figli cresciuti da narcisisti di solito non hanno la possibilità di svilupparsi. Da adulti, possono essere molto confusi su chi sono come individui.

Al di là di questa confusione, potrebbero non avere ambizioni o sogni che non siano stati dati loro da un genitore. Anche se hanno successo nelle aree che il loro genitore narcisista vuole, è probabile che questi adulti sentano un vuoto o una mancanza di auto-realizzazione nella loro vita. Il non avere un'identità personale porta alla stagnazione e all'incapacità di crescere o di cambiare. Se non si è connessi a se stessi e ai propri desideri, allora non c'è modo di avere una direzione nella propria vita.

Se pensate, o sapete, di essere stati cresciuti da un narcisista, potreste identificarvi con alcune di queste caratteristiche. Può essere difficile guarire, passare oltre e superare questi tratti che sono radicati nella vostra psiche e nel vostro comportamento fin dall'infanzia. Spesso è necessaria una terapia di diverso tipo per cambiare e ritrovare se stessi. Conoscere e capire perché si agisce o ci si sente in un certo modo è fondamentale per scoprire i modi migliori per superare queste prove e complicazioni.

Disturbo da stress post traumatico complesso (CPTSD)

Che cos'è il Disturbo da Stress Post Traumatico Complesso (CPTSD) e in che cosa si differenzia dalla sua controparte più nota, il Disturbo Post Traumatico da Stress (PTSD)?
Il PTSD è classificato come un disturbo d'ansia che deriva dall'esperienza o dalla testimonianza di un evento traumatico. Le donne che vengono

aggredite sessualmente, vittime di stupro, formano spesso il PTSD, così come i veterani di guerra che hanno combattuto in guerra e hanno vissuto e fatto cose orribili. Anche la sopravvivenza a un disastro naturale o a un incidente è una fonte ben nota di PTSD.

CPTSD è un disturbo d'ansia e una risposta traumatica che è il risultato di ripetuti eventi traumatici. Qualcuno esposto agli stessi traumi per mesi e anni rischia di sviluppare il CPTSD. Anche se non è così ben documentato o accettato come il PTSD, sta ottenendo un maggiore riconoscimento all'interno della comunità psicologica.

La differenza principale tra PTSD e CPTSD è che uno proviene dall'impatto di un singolo evento che porta a traumi e ansia. L'altro è l'esposizione a ripetuti eventi traumatici e abusivi che si sovrappongono l'uno sull'altro con ansia e risposte traumatiche. I sintomi per le due condizioni sono simili, ma il CPTSD si distingue con alcuni sintomi e forme di trattamento e terapia.

Poiché la CPTSD è un disturbo stratificato con esposizione a lungo termine agli eventi, può essere molto più difficile da affrontare e superare. I sintomi del CPTSD che si sovrappongono al PTSD includono il rivivere il trauma attraverso dei flashback e incubi, evitando situazioni e attività che innescano una risposta traumatica, un cambiamento nel modo in cui ci si sente con se stessi così come nel modo in cui ci si sente con gli altri. Questi cambiamenti sono spesso negativi e portano a una minore immagine di sé e alla mancanza di autostima.

L'iperattività è un sintomo condiviso, in cui la mente è costantemente allerta e il corpo è nervoso, costantemente in modalità di lotta o di fuga. Anche i sintomi somatici sono un sintomo condiviso con PTSD e CPTSD. I

 sintomi somatici sono quando il corpo sviluppa sintomi fisici senza alcuna ragione di salute. I sintomi del CPTSD che differiscono dal più noto PTSD includono l'incapacità di regolare le emozioni. Le emozioni possono manifestarsi in una rabbia incontrollabile, in una tristezza travolgente ed insinuarsi in qualsiasi momento.

I cambiamenti di coscienza possono schermare la mente dimenticando alcune parti dell'evento traumatico e bloccando i ricordi ad esso associati. Questo può anche portare alla dissociazione dalla realtà. Le relazioni possono diventare problematiche. Non solo le relazioni amorose, ma anche le amicizie e le relazioni familiari. Alcuni malati di CPTSD potrebbero evitare le relazioni perché non sanno come interagire con le altre persone in modo confortevole. Altri potrebbero cercare di proposito relazioni malsane, cercando persone che li feriscono o che li usano. Da anni di abusi e traumi, trovare qualcuno con cui portare avanti il circolo vizioso è spesso considerato "normale" per una mente che soffre di CPTSD.

Un altro sintomo della CPTSD è una percezione distorta del vostro maltrattatore. Questo può manifestarsi in un paio di modi diversi.
Ci può essere una componente quasi ossessiva nell'essere preoccupati della relazione tra voi stessi e il vostro maltrattatore. Altre manifestazioni malsane possono essere nella ricerca di vendetta contro un maltrattatore, o nel complottare come vendicarsi.

L'esperienza di una perdita di significato nei sistemi è un altro sintomo della CPTSD.
Questo si verifica quando il trauma che si sperimenta porta qualcuno a rinunciare alle proprie convinzioni spirituali, religiose o ad altre credenze significative. L'impatto è così profondo da fargli perdere la fede in ciò che una volta era più importante per loro. Come per tutti i disturbi e i disturbi mentali, i sintomi e gli effetti del CPTSD variano da individuo a individuo.

Le cause principali della CPTSD sono l'abuso fisico, emotivo o sessuale dell'infanzia, la negligenza, il vivere in una zona che è una zona di guerra a lungo termine e l'essere prigioniero di guerra. Ci sono molti altri scenari in cui le persone possono subire traumi a lungo termine, tuttavia questi sono i più documentati per quanto riguarda il CPTSD.

Purtroppo, gli effetti della CPTSD possono avere ulteriori complicazioni nella vita di chiunque ne soffra. Queste complicazioni possono presentarsi sotto forma di grave depressione ed ansia. Ci possono essere anche tratti di personalità ereditaria. Si tratta di una drastica alterazione del temperamento che è molto diversa da quella che la personalità di base potrebbe suggerire. Inoltre, la CPTSD può effettivamente alterare il modo in cui la mente funziona, influenzando la produzione di ormoni e di sostanze neurochimiche in risposta agli eventi. Questo cambia anche il modo in cui il cervello può elaborare e gestire lo stress e le emozioni estreme. Chiunque soffra di CPTSD molto probabilmente avrà drastici cambiamenti nello stile di vita che influiscono sulla sua capacità di creare relazioni, mantenere un lavoro e comportarsi nella vita di tutti i giorni.

Una diagnosi di CPTSD deve provenire da un professionista medico psicologico. Si tratta di un disturbo ancora piuttosto nuovo nella comunità della salute mentale, e spesso all'inizio può essere erroneamente diagnosticato come PTSD. Se i trattamenti per il PTSD o i sintomi aggiuntivi emergono, allora una diagnosi di CPTSD sarà molto probabilmente esplorata.

Generalmente, un disturbo come il CPTSD non viene diagnosticato solo sulla base dei sintomi, ma anche di eventi ed esperienze che hanno portato a tali sintomi. I trattamenti per CPTSD includono la psicoterapia, la (EMDR - Eye Movement Desensitization and Reprocessing) desensibilizzazione e la rielaborazione dei movimenti oculari e anche con farmaci.

La psicoterapia è una forma di talk therapy, terapia della parola che include la terapia cognitivo-comportamentale. Può essere efficace in un ambiente individuale o come terapia di gruppo. L'obiettivo della psicoterapia è quello di scoprire le radici e le fonti del trauma che ha portato a sintomi e comportamenti.

Poiché la CPTSD è complessa sotto molti aspetti, la psicoterapia per la CPTSD ha come risultato quello di separare le risposte traumatiche strato per strato fino a scoprire la causa sottostante. Una volta individuata la causa, i terapisti e gli psicologi possono offrire tecniche di coping e passi utili per iniziare a superare il trauma. L'obiettivo di EMDR è essenzialmente quello di desensibilizzare l'utente ai traumi del passato, eliminando così le risposte traumatiche che sono sintomi di CPTSD.
Mentre c'è ancora un certo dibattito all'intorno della comunità medica sull'efficacia dell'EMDR, è ancora raccomandato nel trattamento dei sintomi del PTSD.

A volte l'uso di farmaci prescritti è necessario per il trattamento dei sintomi della CPTSD. Se si manifesta uno stato di depressione e di ansia, i farmaci possono essere utili per tenere sotto controllo altri sintomi. Se ci sono problemi con le emozioni non regolamentate, o anche pensieri suicidi, i farmaci possono alleviare la tensione sul corpo e la mente, mentre altri metodi sono utilizzati per trattare la CPTSD.

Poiché i bambini cresciuti da narcisisti sono esposti ad abusi a lungo termine durante l'infanzia, l'adolescenza e persino nell'età adulta, lo sviluppo della CPTSD è notevolmente più comune. Con la crescita del campo psicologico e il riconoscimento della CPTSD come un nuovo disturbo, le prospettive di trattamento e di un recupero di successo sono sempre migliori.

Quali sono i fattori che prevedono se un bambino diventerà un narcisista?

Mentre la causa reale della NPD è ancora indeterminata, ci sono alcuni fattori che brillano al di sopra di altri come contendenti per gli indicatori di un bambino che sta diventando narcisista. Ci sono fattori biologici, ambientali e genetici che possono tutti contribuire allo sviluppo della NPD.

Tuttavia, ci sono alcune indicazioni ambientali che sono note per portare a comportamenti narcisistici che danneggiano i bambini che diventano adulti con tendenze narcisistiche. Nella società di oggi, con una grande enfasi e devozione alla presenza online attraverso i social media, lo shopping online e la creazione della perfetta immagine di sé, c'è stata un'esplosione di comportamenti narcisistici che si sono sviluppati in tutto il mondo.

Questo fenomeno si concentra principalmente sulla generazione millennial e sulle generazioni che l'hanno seguita. Nell'era della tecnologia con gli smartphone, le piattaforme dei social media e gli algoritmi che adattano un'esperienza online esattamente a ciò che l'individuo vuole, ha portato alla creazione di una società molto "guardami, guardami".

Ai bambini vengono dati gli smartphone in giovane età e questi ultimi diventano ossessionati dall'idea di farsi autoscatti, i selfies, per poi pubblicarli online.

Cercano costantemente conferme e gratificazione da parte dei loro coetanei, e anche da parte di perfetti sconosciuti. Il concetto di essere un YouTuber o Influencer su Instagram o di "celebrità locale" sta crescendo negli adolescenti e nei giovani adulti.

Tutti vogliono essere sotto i riflettori e sentirsi invidiati. Con l'uso frequente dei social media, è facile per le persone confrontare la loro vita con quella degli altri. Anche se l'immagine online è molto probabilmente superficiale e non ritrae la realtà, è difficile non tenerne conto.

I bambini cominciano a chiedere smartphone, tablet, abiti firmati, scarpe costose e tutto ciò che vedono che i loro amici hanno online. I genitori si arrendono e creano un circolo vizioso di crescita di narcisisti che creano altri narcisisti. Naturalmente, questo fenomeno va ben oltre i social media e si autoalimenta. I siti di shopping online, e-commerce, hanno sviluppato algoritmi che si collegano alle cronologie dei motori di ricerca in modo che quando qualcuno accede a una piattaforma di shopping online, i suoi "articoli suggeriti" si sincronizzano con ciò che ha guardato recentemente.

Ogni volta che qualcuno va online, queste informazioni vengono memorizzate e utilizzate per personalizzare l'esperienza utente. Così, le persone si aspettano che ogni esperienza online sia personalizzata su di loro.

Questo tipo di aspettativa egocentrica si vede anche nella vita di tutti i giorni. Ad esempio le caffetterie come Starbucks hanno così tante opzioni diverse per il caffè: caldo, ghiacciato, freddo, con molte opzioni diverse per il latte, a basso contenuto di grassi, intero, soia, mandorla, e anche diversi tipi di colpi di sapore come caramello, moka, cannella, ecc. Ogni persona può avere la propria bevanda personalizzata, e questo dà la sensazione di essere unico e speciale. Il bisogno va ben oltre il semplice caffè.

Questi adolescenti diventano adulti di diritto, sentendosi come se meritassero più di quello che hanno guadagnato o per cui hanno lavorato. La forza lavoro ne soffre perché la maggior parte delle giovani menti che vi entrano vuole un salario più alto nelle posizioni iniziali, più alto di quello che hanno le altre persone dell'azienda che vi hanno lavorato per anni. Vogliono un trattamento speciale, un riconoscimento, senza capire che questi sono destinati a essere guadagnati.

Dove prima si poneva l'accento sul duro lavoro per guadagnare, ai bambini veniva insegnato il rispetto delle figure autoritarie e dei principi di responsabilità.
Con l'emergere dei social media e di una società basata sul consumo, questi valori sono stati distorti. Ora i genitori insegneranno ai loro figli che sono speciali e i bambini presenteranno questa mentalità al mondo.Non ci si aspetta che i bambini rispettino i loro coetanei, portando ad un bullismo che può essere molto dannoso.

Non ci si aspetta nemmeno che mostrino rispetto ai loro insegnanti o ad altri adulti, perché è così radicata nella loro mente che sono unici e meritano gratificazione o adorazione.

Il modo in cui la tecnologia e il bisogno di essere visti e apprezzati hanno perpetuato la vita delle giovani generazioni ha creato una generale mancanza di empatia e compassione. Le persone non sono più incoraggiate ad aiutarsi l'un l'altra o ad essere generalmente umane l'una verso l'altra.

L'attenzione si concentra sulla ricchezza, sui beni materiali e sul guadagno personale, che separa le persone l'una dall'altra. Il risultato è una società molto egoista ed egocentrica che crea un divario molto più netto che fa scomparire l'empatia e la compassione. Questa affioramento di tali aspettative egocentriche, superficiali, egoistiche rende quasi impossibile essere considerati persone di successo, o di avere successo professionalmente, senza essere dei narcisisti. L'era della società di oggi è diventata il sogno dei narcisisti. Inizia uno schema di progresso narcisistico che può solo portare ad un aumento del numero di narcisisti. Poiché tutti siamo un po' narcisisti di per sé, ed è considerato una parte naturale della crescita e dello sviluppo umano, i tratti sono già presenti. La maggior parte delle volte, questa mentalità egocentrica è cresciuta, ma quando la società è orientata verso un comportamento narcisistico, è meno probabile che il narcisismo svanisca. Diventa la personalità dominante e accettata. Quali sono i tratti e i fattori che prevedono se un bambino diventerà un narcisista? I fattori che si possono prevedere sono l'ambiente, il tipo di contesto familiare e la società. Alcuni di questi fattori ambientali hanno un impatto maggiore di altri. Ad esempio, i fattori sociali hanno un forte impatto, soprattutto quando una intera generazione è esposta. Inoltre, ci sono prove a suggerire che la genetica giochi un ruolo nello sviluppo di tratti narcisistici. Anche se non è un fatto provato, essere cresciuti da genitori narcisisti può portare allo sviluppo di comportamenti narcisisti. Che ciò sia dovuto all'ambiente (rispetto alla natura), a una predisposizione genetica o a entrambi, è difficile da individuare con esattezza.

Anche la neurobiologia è stata ipotizzata svolgere un ruolo nello sviluppo di tratti narcisistici. Dal momento che il narcisismo spesso deriva da intensa e profonda bassa autostima, costruire un'illusione di grandiosità può diventare un metodo estremo di gestione dello stress.
La gestione dello stress è spesso dettata dagli ormoni e dai percorsi neurali del cervello.

Nella comunità psicologica non ci sono fattori assoluti che portano alla NPD o a comportamenti narcisistici. I disturbi di personalità nei bambini sono incredibilmente difficili da diagnosticare. La maggior parte degli psicologi non fa nemmeno uno screening o un test per i disturbi di personalità prima dei diciotto anni, dato che la loro personalità è così impressionabile e in continua evoluzione.

Ciò non significa che non ci siano alcuni segnali di avvertimento che possano essere indicativi. Poiché non ci sono fattori genetici o geni quantificabili che siano direttamente collegati al narcisismo, e poiché la neurobiologia è così complessa e variabile, i migliori indicatori si trovano nell'ambiente, contesto in cui un bambino viene cresciuto.

Due bambini cresciuti in situazioni molto simili e che condividono una genetica molto simile possono rivelarsi completamente diversi.

Questo è evidente per i fratelli e le sorelle che sono cresciuti in una famiglia violenta e seguono corsi diversi nella loro vita. Uno potrebbe andare all'università e fare carriera, mentre l'altro diventare un inetto.
Non si sa perché ogni figlio risulti diverso. Lo stesso si può dire del tentativo di determinare i bambini che potrebbero diventare narcisisti.

3: MADRI NARCISISTE

Tratti comuni delle madri narcisiste

Mentre i genitori narcisisti condividono alcuni tratti ricorrenti in generale, ci sono alcuni tratti che sono più comuni nelle madri o nei padri. Le madri narcisiste impiegano metodi drastici di tira e molla che si traducono in un colpo di frusta psicologico ed emotivo per i loro figli.

Questo tira e molla è dovuto in gran parte al modo in cui una madre narcisista si presenta agli altri rispetto a come è a casa. Può essere carismatica, amichevole e simpatica in pubblico, ma critica, offensiva e dispotica a casa.

Le madri narcisiste sono spesso socievoli verso l'esterno. Ritraggono un'aria di fiducia, di successo, e si comportano come se tutto nella loro vita fosse perfetto e senza soluzione di continuità. Qualunque cosa facciano sembra facile: lavorare sessanta ore alla settimana, possedere una casa lussuosa e apparire coinvolte nella vita dei loro figli. Le madri narcisiste sembrano capaci di fare tutto questo e lo fanno sembrare semplicissimo!

I loro amici, colleghi e altri genitori li adorano e potrebbero anche essere invidiosi di quanto semplice e perfetta sia la vita di una madre narcisista.

L'unico problema è che è tutta un'illusione, un'immagine di sé enfatizzata che non si avvicina per niente a come è veramente una mamma narcisista. A casa, un figlio cresciuto da una madre narcisista conosce bene la differenza. La mamma è dispotica, critica, arrabbiata ed esigente. Quel volto di perfetta felicità e di costante disinvoltura scompare.
Usa una tattica abusiva di trattenimento per rendere i suoi figli accondiscendenti, dipendenti ed insicuri, il tutto mentre li costringe a mostrare la sua gratitudine e la sua gratificazione.

Vale la pena di notare che il successo non significa narcisismo. La maggior parte delle donne orientate alla carriera e di successo finanziario non sono narcisiste. Anche le mamme estroverse e coinvolte non sono automaticamente narcisiste. Questi tratti sono comuni in una madre narcisista, ma non la definiscono. Le differenze principali tra le madri sane e le madri narcisiste si vedono nel modo in cui sono a casa.

Quando una madre narcisista torna a casa, vorrà controllare i suoi figli e gestirli al microscopio. Una madre sana torna a casa per sostenere e crescere i suoi figli. Quando sono a casa, le madri narcisiste continuano ad avere bisogno e a chiedere gratitudine, affetto e attenzione, anche a spese dei loro figli. Le madri narcisiste mancano di empatia verso i loro figli e sono arrabbiate per qualsiasi tipo di indipendenza che i loro figli possono cercare di ottenere per se stessi. Una madre narcisista ha sempre ragione, perché deve avere ragione. Quando la madre è socialmente impegnata, pubblicamente adorata e narcisista, torna a casa, il suo sorriso svanisce.
Si allontana da quell'immagine "perfetta" e diviene disgregatrice, manipolatrice e umiliante nei confronti dei propri figli, oltre che il proprio partner, se ce n'è uno. Questo cambiamento può confondere molto gli adolescenti e nella maggior parte dei casi non viene compreso del tutto fino all'età adulta. Le madri narcisiste si affidano molto alla manipolazione per il controllo.
Si aspettano che voi facciate quello che vogliono

quando vogliono, e se non lo fate, vi insultano, vi sminuiscono e vi denigrano.

Ogni volta che non soddisfate i bisogni della madre narcisista o non fate tutto ciò che vuole per farle credere che i suoi bisogni abbiano la priorità, allora i suoi attacchi arriveranno sotto forma di feroci critiche. Una delle frasi manipolatorie preferite di una madre narcisista può sembrare molto simile a: "Se mi amassi davvero, faresti quello che voglio". Se non lo fai, non mi ami".
Si offende facilmente e ricorrerà al senso di colpa se non ottiene ciò che vuole. Le accuse di non amarla, di non valorizzarla o di darla per scontato saranno usate frequentemente.

Dato che una madre narcisista ha un'immagine da mantenere, potresti vederla amichevole e accettata in pubblico. Poi, quando tornate a casa, sentirai tutto ciò che ha da dire di negativo su una persona con cui sorrideva e con cui era d'accordo quel giorno. La madre narcisista è un'opinionista, ma non a scapito della sua immagine superficiale.

Le madri narcisiste troveranno difetti e negatività in tutto ciò che non le piace. Vi umilieranno e vi insulteranno, e anche quando farete di tutto per rimediare, non otterrete mai il riconoscimento per questo. Le scuse non significano nulla per lei e non saranno mai abbastanza. Nemmeno le azioni per rimediare a ciò che avete fatto di sbagliato ai loro occhi saranno adeguate. Tutti godono di gratificazioni e conferme a un certo livello. I bambini non fanno eccezione.

Tuttavia, poiché le madri narcisiste mancano di empatia, non otterrete elogi da lei. Semmai, lei sminuirà al minimo i vostri risultati o le vostre conquiste, a meno che non si enfatizzino direttamente del suo ego. Vi farà sentire in ansia per la sua mancanza di gratificazioni e per la costante emarginazione.

Se siete stati cresciuti da una madre narcisista, sapete bene che la madre deve essere sempre al centro dell'attenzione. Si aspetta che voi l'amiate, che la adorate, che la gratificate, che vi prendiate cura di lei, che vi occuperete di lei e di tutti i suoi bisogni. Non restituisce mai nessuno di questi sentimenti o favori, perché per lei è l'unica che conta. Questa aspettativa è del tutto unilaterale, il che può portare al risentimento e a sentimenti di bassa autostima e di mancanza di fiducia nei figli. Il sentirsi costantemente come se non contassero gli fa pensare che non contino. Le madri narcisiste sono bravissime a far sentire i loro figli come se non valessero nulla.

Il punto cruciale della situazione è che ogni essere umano è biologicamente programmato per volere e cercare l'affetto materno.

Un figlio cresciuto da una madre narcisista che viene privato di quell'affetto o a cui viene dato un affetto condizionato, svilupperà molti problemi emotivi e mentali che si estenderanno fino all'età adulta. La maggior parte dei figli che scoprono di essere stati cresciuti da una madre narcisista continuano a cercare la sua approvazione e il suo affetto, pur sapendo che non può darlo.

Le madri narcisiste sono abili manipolatrici quando si tratta di giocare sulle emozioni, le vulnerabilità e le insicurezze dei loro figli. Le madri narcisiste usano anche la manipolazione emotiva per mettere i membri della famiglia l'uno contro l'altro nel tentativo di rimanere il punto focale dell'attenzione e colei che riceve più amore e affetto.

I figli litigano, si confidano con la mamma e le offrono il loro amore, nutrendo risentimento per i loro fratelli/sorelle. Se essi o uno di loro ed un padre tentano di formare un legame più affiatato, le madri narcisiste possono diventare gelose e cercheranno di danneggiare ulteriormente quel rapporto. Le madri narcisiste si affidano molto alla manipolazione emotiva per il controllo. Esse cercano l'adorazione e la gratificazione all'interno della casa e anche da fonti esterne.

Padre Enabler

Poiché è difficile per i narcisisti mantenere relazioni a lungo termine, non è raro che i padri siano assenti quando è coinvolta una madre narcisista.

Un padre assente diventa spesso un enabler. Questo padre potrebbe essere solo parzialmente coinvolto nella vita dei suoi figli, o potrebbe essere scomparso del tutto. Anche se non supporta di proposito la madre narcisista, la sua mancanza di azione è considerata un tipo di enabling. Un padre che non è presente, ovviamente, non ha alcuna capacità di influenzare la vita dei suoi figli. Diventa tranquillamente ignorante, lontano dagli occhi, lontano dal cuore, per così dire.

Anche se si preoccupa ancora dei suoi figli e deve stare il più lontano possibile dalla madre narcisista, sta comunque danneggiando i suoi figli permettendo loro di rimanere sotto la piena custodia e influenza di una madre narcisista e di non essere presente per dare loro una parvenza di normalità o di positività. Un padre presente "part-time" che sa che i suoi figli sono principalmente con una madre narcisista ha la capacità di essere un modello positivo per i suoi figli.

Tuttavia, non è raro che la madre manipoli i propri figli contro il padre, data la natura autoritaria delle madri narcisiste.

Questo crea una frattura per cui i figli potrebbero non rispettare il padre, pensare che sia un debole, o comunque crescere risentimento nei suoi confronti. Una madre narcisista non accetta che il padre se ne sia andato a causa sua, e i figli ne raccolgono il disprezzo.

Come genitore part-time, la capacità di influenzare i suoi figli sarà ovviamente limitata. Per non parlare del fatto che cercare di competere con le delusioni narcisistiche di una madre narcisista è difficile, soprattutto quando i figli le accettano. Questo tipo di padre è un enabler nel senso che è presente, ma non cambia la situazione della custodia permettendo ai figli di stare con la madre e permettendo a questa ultima di continuare i suoi maltrattamenti.

Il tipo più dannoso di padre enabler è il padre che è presente in una relazione ed in casa, ma non fa nulla per interferire con gli abusi di una madre narcisista. Ci sono diverse ragioni per cui un padre "chiude un occhio" sull'abuso narcisistico della consorte. Uno dei motivi è che il padre è stato condizionato e ha subito abusi narcisistici. Non vede cosa c'è di sbagliato nel rapporto o nel modo in cui la madre si comporta.Tuttavia, i padri che rimangono in una relazione con un narcisista e non fanno nulla per mantenere i loro figli o per allontanare i loro figli dalla situazione diventano dei maltrattatori secondari.

La loro devozione per una madre narcisista e per i suoi bisogni supera quella dei suoi stessi figli. Anche questo può essere causa di anni di abusi e condizionamenti narcisistici, o perché il padre ha come detto prima i suoi problemi. Molti padri che si trovano in una situazione con madri narcisiste imparano essenzialmente a non dire nulla per poter mantenere l'armonia con il coniuge, o addirittura difendere il comportamento del coniuge nei confronti dei figli per dimostrare il loro sostegno e la loro fedeltà al coniuge. La maggior parte dei genitori che sono enabler di un partner violento hanno spesso un qualche tipo di disturbo della personalità o dei disturbi mentali propri.

Gli Enabler possono presentarsi in modi diversi.
Se sono più gentili, o sottoposti agli stessi abusi e condizionamenti, sono in generale più gentili e più affettuosi con i loro figli, anche se aspettano che la madre narcisista non ci sia. Ci sono padri che sono classificati come "veri e propri enabler", che possono essere altrettanto orribili per i loro figli quanto una madre narcisista. Che sia fisico o emotivo, i veri enabler stabiliranno il loro dominio nel circolo vizioso di abuso verso i loro figli. Questi tipi di Enabler potrebbero non partecipare da soli ad atti di abuso, ma avere un coniuge narcisista che li incoraggia. Un bambino che cresce con un padre enabler è molto confuso.

Un padre assente può diventare una grande fonte di risentimento e di rabbia per i figli. Cercano qualcuno da incolpare per le loro circostanze e si attaccano alla persona che non c'è. Questo può portare ad associazioni malsane con l'autorità maschile o con figure paterne. Anche un padre part-time enabler può diventare una fonte di risentimento, specialmente se una madre narcisista usa la sua assenza part-time come un modo per manipolare i suoi figli contro di lui.

I padri part-time possono essere una figura intricata, perché se i figli sono in grado di instaurare un rapporto dignitoso con loro, ma il padre non può rivendicare la piena custodia o offrire un rifugio a tempo pieno, il figlio è lasciato a pensare che il padre non se ne curi abbastanza.

In una situazione in cui un padre permissivo vive a tempo pieno con una madre narcisista e i suoi figli, è probabile che i bambini soffrano maggiormente. Anche se il padre è passivo e non si impegna direttamente nell'abuso, sottopone i figli non rimuovendoli e non cambiando la dinamica. I figli che guardano il padre che non fa nulla per aiutarli contro il proprio dolore e la confusione che questo può portare, sviluppano molti problemi di autostima e porta anche a prendere delle distanze dal punto di vista emotivo.

Inoltre, i padri che difendono le azioni del loro coniuge narcisista creano un ambiente molto confuso per i loro figli. Le azioni della madre diventano giustificate, lasciando ai figli la sensazione di aver fatto qualcosa di sbagliato o di essere in qualche modo colpevolizzati.

Questo crea un senso molto profondo di inutilità e di mancanza di fiducia nei figli che porteranno nella loro età adulta. I molteplici livelli di abuso che logorano la resistenza di un figlio su più fronti sono molto più difficili da affrontare.

Dal momento che un pedofilo passivo non si distingue come abusatore, i bambini potrebbero non ammettere mai che il loro padre era parte del problema.

Un bambino che soffre per mano di entrambi i genitori quando entrambi sono attivi abusatori, o con un padre che è un "true enabler", sono incredibilmente vulnerabili. Non hanno modelli positivi e ogni parte della loro vita a casa diventa insopportabile. Questi bambini spesso si sentono poco amati e soli, lasciandoli inclini a sviluppare le proprie condizioni di disturbi mentali e a portarsi dietro traumi per molto tempo.

I padri enabler esistono, ma non sono così comuni come le madre enabler. La maggior parte degli uomini mentalmente sani non sopporterà gli abusi di una donna narcisista e se ne andrà.

Madri narcisiste e i loro figli

C'è sempre spazio per le sfaccettature all'interno dei disturbi della personalità. Non tutte le madri narcisiste sono uguali. Ancor di più, le madri narcisiste si comportano in modo diverso con i loro figli rispetto alle loro figlie. I figli cresciuti con madri narcisiste si trovano spesso al limite di due diversi estremi.

Il primo è quello di diventare troppo graditi alla loro madre, cercando costantemente di fare tutto il possibile per renderla felice, piegandosi sempre alla sua volontà e ai suoi desideri. Questo include l'ignorare le sue stesse necessità per assicurarsi che i bisogni di sua madre siano soddisfatti. Questi figli spesso crescono senza alcuna idea di come affrontare i propri bisogni e il più delle volte finiscono per familiarità in una relazione con un partner dispotico o narcisista.

Dall'altra parte invece, i figli cresciuti da madri narcisiste potrebbero identificarsi con le loro madri e diventare essi stessi narcisisti. Questa mentalità deriva dal fatto che il figlio riflette così bene la madre, che merita gratificazione ed adorazione, soprattutto da parte di altre donne. I figli cresciuti da madri narcisiste il cui padre è assente o un abusante secondario tendono a cercare conforto nelle dipendenze come la droga.

Tutti i bambini vogliono naturalmente l'attenzione e l'approvazione dei loro genitori. Se ciò è irraggiungibile attraverso entrambe le vie, i figli sono più propensi a cercare sollievo attraverso sostanze stupefacenti e altri comportamenti distruttivi. Le madri narcisiste cercheranno di usare i loro figli come confidenti, soprattutto se sono in una relazione in cui il padre dà priorità al lavoro rispetto alla famiglia nel tentativo di non impazzire. Poiché le relazioni narcisistiche mancano di intimità in senso emotivo, una madre narcisista cercherà altri modi per ottenerla, come imporre queste richieste al figlio, rendendolo più partner che figlio. I figli di madri narcisiste rischiano di essere soggetti a problemi edipici. Anche se questo non deve portare ad un contatto sessuale effettivo o ad una molestia, una madre narcisista può e vuole supervisionare il suo rapporto con il figlio.

Le madri narcisiste possono usare l'incesto emotivo come un modo per ottenere l'affetto eterno del figlio. Questo avviene quando si comporta in modo inappropriato con il figlio attraverso il linguaggio, il linguaggio del corpo, il modo in cui si veste, ecc. Anche se non si verifica alcun atto sessuale, i ragazzi giovani sono attratti dal suo magnetismo e dall'eccitazione. Con il tempo, questo può portare a una malsana attrazione tra figlio e madre.

Nella maggior parte delle famiglie di due genitori con figli e figlie, i figli cominciano a identificarsi con i loro padri. Essi captano le energie sessuali attraverso i loro modelli maschili. Se un padre è assente o meno coinvolto, è più probabile che un figlio si lasci coinvolgere da questa dinamica sessuale inappropriata con la madre. Un figlio che non ha un padre premuroso e che è soggetto all'incesto emotivo di una madre è destinato ad avere problemi nelle proprie relazioni amorose da adulto.

In modo più primordiale, può anche arrivare a credere che la madre li ami davvero, dando loro un senso di vittoria sul padre. Questo atto di sconfiggerlo può portare a problemi in età adulta e portare a problemi di autocontrollo (Lancer, 2020, paragrafo 11).

Quando si tratta di figli che sviluppano relazioni amorose, le madri narcisiste cercheranno di esercitare il loro controllo. Diventano gelose del fatto che l'attenzione del figlio sia rivolta a qualcun altra. La madre cercherà di controllare il punto di vista del figlio sulle altre donne, interferendo anche con i progetti di sforzi più seri. Le madri ridicolizzeranno e sminuiranno anche i partner che i loro figli hanno scelto per dimostrare loro che avranno sempre il controllo su di essi.

Una madre narcisista non sopporta il pensiero che l'attenzione dei suoi figli sia rivolta ad un'altra persona. Farà tutto il possibile per sovvertire la loro relazione, farà sentire il partner come un estraneo e dimostrerà di avere il controllo su suo figlio. Questo rende difficile per i figli di madri narcisiste avere relazioni di successo.

Mentre i figli di madri narcisiste sono esposti ad altre forme di abuso che sono comuni nei genitori narcisisti, come la manipolazione, l'incuria, l'essere usati per il tornaconto della madre, eccetera, la sessualizzazione della relazione insieme alla gelosia e al controllo dei loro partner è una caratteristica unica tra le madri narcisiste e i loro figli.

Quando non c'è un padre o un modello maschile nel quadro, le madri narcisiste sono in grado di affermare una notevole quantità di controllo sui loro figli. Poiché hanno l'influenza di un solo genitore, vengono modellate in base alle interazioni della madre con loro. I figli di madri narcisiste sono vulnerabili a sviluppare i propri disturbi deliranti, come credere che le madri siano innamorate di loro, o diventare narcisisti.

Quando il figlio di una madre narcisista è un "cocco di mamma", allora è più facilmente manipolato in una relazione codipendente. Probabilmente assumerà il ruolo di caregiver, colui che si prende cura, e scivolerà facilmente nello spazio di essere un partner per la madre piuttosto che per il figlio. Dal momento che è già pronto a fare tutto ciò che lei vuole per soddisfare i suoi bisogni, può lavorare in qualsiasi modo per controllarlo. Gli adulti in queste situazioni hanno difficoltà a condurre la propria vita con successo, autostima o un'identità personale.

Purtroppo, nessuna quantità di abnegazione o di comportamenti piacevoli è mai abbastanza per una madre narcisista. Richiederà sempre più attenzione, tempo e cure. Avere tutto il tempo e la cura sulla madre significa che la carriera, la vita personale e persino la propria famiglia soffriranno per la mancanza di attenzione. D'altra parte, se un figlio finisce per diventare più narcisistico, si sente come se la madre fosse orgogliosa dei suoi successi, perché si riflette su di lei in una luce positiva. Tuttavia, questi figli non sviluppano mai adeguatamente l'empatia o la compassione.

Di conseguenza, faranno fatica a creare relazioni significative con amici e i propri partner.
Questo senso di superiorità non ha posto in una relazione paritaria. I figli cresciuti da madri narcisiste rischiano di avere la mappa dell'amore distorta. Attraverso l'uso di una sessualizzazione inappropriata della loro relazione, la gelosia e il controllo, oltre ad affidarsi ai figli per essere

partner invece che figli, il danno psicologico che questo provoca può essere profondo.

C'è una maggiore enfasi sulla sessualizzazione tra una madre narcisista e i suoi figli rispetto ad altri rapporti narcisisti/bambini.

Madri narcisiste e le loro figlie

Le figlie cresciute da madri narcisiste sono sottoposte ad abusi emotivi molto duri e spesso brutali. Questo deriva da una competitività che le madri narcisiste provano nei confronti delle loro figlie, soprattutto quando si tratta delle attenzioni maschili. Poiché c'è una tale enfasi sull'aspetto estetico delle donne, le madri si concentrano in modo critico sull'aspetto della figlia.
Sono abbastanza belle? Si vestono in modo attraente? Portano bene i loro capelli?

Queste attenzioni eccessivamente critiche ai dettagli superficiali portano a molti problemi di autostima nelle giovani donne. Le madri narcisiste privano le loro figlie dell'empatia materna, così come i loro figli ne sono privati.
La confusione arriva quando una madre narcisista si compiace della vostra perfezione, la vostra giovinezza e la vostra sessualità come riflesso di se stessa. Le figlie cresciute da madri narcisiste

possono riprendere l'immagine della loro madre che ha bisogno di essere perfetta e adorata, appoggiandosi a questo regno narcisistico.

C'è un costante bisogno di conferme, poiché non vengono mai convalidate da bambine. L'enfasi è posta sulla bellezza, l'intelligenza e successi, portando le figlie a vedere la loro immagine nello stesso modo narcisistico. In alternativa, le figlie cresciute da madri narcisiste possono diventare troppo gradite. Si trasformano in zerbini emotivi, lasciando che gli altri le calpestino.

Allo stesso tempo, cercano di compiacere tutti quelli che le circondano, ignorando i propri bisogni perché non sono mai stati realizzati. Questo percorso evolutivo per la figlia di una madre narcisista porta spesso a relazioni partner prepotenti.

Poiché le ragazze tendono a passare un po' più di tempo con le loro madri, ci sono alcune differenze importanti nel modo in cui le madri narcisiste interagiscono con le loro rispetto ai loro figli.
Una di queste differenze comuni è la mancanza di confini. Le figlie sono viste come una minaccia per le loro madri e come un'estensione di se stesse e del loro ego.

Non rispettano i confini che dovrebbero esistere tra madre e figlia, ricorrendo a insulti, prepotenze e denigrazione per distruggere l'autostima della figlia.

Non è raro che le madri narcisiste "amino" i loro figli più delle loro figlie. Tuttavia, questo non significa che i figli siano effettivamente favoriti o trattati meglio. Una madre narcisista ha modi diversi di danneggiare i propri figli. Le madri narcisiste potrebbero ignorare le loro figlie a favore dei loro figli anche solo come un'altra forma per ridurre la minaccia che sentono da parte delle loro figlie. Quando si tratta di essere critiche nei confronti delle loro figlie, le madri narcisiste diventano sempre più aggressive.

Portano la critica a un livello completamente nuovo, dove si trasforma in vergogna. Faranno vergognare una figlia per non essere abbastanza carina, non essere abbastanza intelligente, essere troppo magra, essere troppo grassa, avere i vestiti sbagliati, non attirare abbastanza attraente, ecc. Qualsiasi cosa possano far vergognare le loro figlie lo faranno.

Questa vergogna va ben oltre le critiche casuali nell'aspetto e nel comportamento. Spesso è accompagnata da insulti diffamatori, ma contribuisce anche all'uso che una madre fa dell'amore trattenuto. Poiché le madri dovrebbero amare le loro figlie in modo incondizionato, questa applicazione di trattenere l'amore per delusione o turbamento fa sì che le figlie si arrabbino con le madri e si confondano sull'opportunità di ricambiare il loro amore.

Naturalmente, le figlie devono amare le loro madri incondizionatamente. Essendo presentate con la confusione di dover amare o meno le loro madri, le figlie di madri narcisiste finiscono per sentirsi in colpa e si vergognano di se stesse per tali pensieri e sentimenti. Una volta che iniziano a credere nell'autovergogna, improvvisamente, le figlie cominciano a pensare che tutti gli insulti che la madre ha usato contro di loro siano veri. Le figlie ritengono di essere davvero così orribili da pensare di non amare la loro madre, allora tutto quello che la madre ha detto di loro deve essere vero!

Cominciano a credere di meritare la natura abusiva che la loro madre impone loro. Perdono ogni fiducia, stima e sentimento di amor proprio. L'abuso narcisistico da madre a figlia non solo porta le madri ad essere emotivamente offensive, ma porta le figlie a pensieri, sentimenti e opinioni nocive su se stesse.

Questo prolunga l'abuso in molti modi. Con una mancanza di empatia, una madre narcisista è capace di prendersi cura dei bisogni fisici della figlia, ma non è in grado di soddisfare i suoi bisogni emotivi. Man mano che le figlie crescono, si fanno amicizie e stringono altri rapporti, cominciano a desiderare lo stesso calore e lo stesso affetto che ricevono dagli altri, ma dalle madri. Le madri narcisiste rimangono però emotivamente lontane, lasciando alle figlie la costante sensazione che manchi qualcosa. C'è un vuoto emotivo che non sa come affrontare perché non è mai stata incoraggiata ad occuparsi dei propri bisogni emotivi (Lancer, 2018, par. 6).

La natura autoritaria delle madri narcisiste, cercherà di far apparire le loro figlie al meglio e di essere al meglio, ma sulla base delle loro aspettative, non di quello che vuole la figlia.
Per estensione, queste madri cominciano a vivere attraverso le loro figlie. Costringono la figlia a sfoggiare il loro stesso taglio di capelli, a vestirsi in modo simile e ad uscire con gli uomini che farebbero appello a loro e al loro narcisismo. Questo non lascia molto spazio alle figlie per sviluppare la propria identità o per imparare a conoscere se stesse (Lancer, 2018, par. 7).

Le madri narcisiste faranno a gara con le loro figlie per avere l'attenzione. Questo deriva dalla paura di non essere più bella o più adorata da chi le sta intorno, in particolare da suo marito e dai suoi figli.

Nel classico racconto Biancaneve, la malvagia matrigna voleva che la figliastra fosse uccisa perché minacciata dalla sua bellezza. Questa è la narcisistica dinamica madre/figlia. Le madri vogliono l'attenzione maschile che temono che le loro figlie sottraggano a loro.

Questa competizione non esiste solo all'interno della famiglia. Ogni volta che una figlia inizia a perseguire una relazione, soprattutto con un uomo, la madre narcisista si contendono l'attenzione del partner della figlia. Tenterà di mettersi in mezzo, usando insulti e di sminuire la figlia nei confronti dell'altra persona. Potrebbe anche arrivare a tentare di sedurli.

Avere a che fare con una madre narcisista

Uno dei primi passi per avere a che fare con una madre narcisista, e quindi superare i suoi abusi, è vederla esattamente per quello che appare. Capire che è una narcisista e che il suo comportamento nei vostri confronti non ha assolutamente nulla a che fare con voi. Tutto ciò che fa si basa su un disturbo delirante che affonda le sue radici in un senso di bassa autostima travolgente. Ciò significa che dovete capire, accettare e credere che la vergogna, il senso di colpa, le manipolazioni, gli insulti e le critiche non vi riguardano minimamente.

Una volta che riuscirete ad accettarlo, potrete guardare le altre persone intorno a voi e vedere come vi apprezzano. Può trattarsi di amici, di un partner, di altri membri della famiglia o persino di fratelli e sorelle, se avete un buon rapporto con loro.

Accettando vostra madre e riconoscendo che non siete definiti dalla sua opinione di voi, potrete effettivamente lavorare per costruire un rapporto che non sia malsano per voi stessi.

Vale la pena notare che, a meno che un narcisista non riceva un aiuto psicologico, non supererà mai il suo disturbo di personalità. Ciò non significa che non ci siano passi da compiere nella propria vita per migliorare se stessi e che non sia possibile interagire con una madre narcisista.

Una delle componenti principali del narcisismo è che un narcisista non può mai sbagliare. Si rifiutano di ammettere quando hanno torto perché non riescono a capire che lo hanno sempre, su qualsiasi cosa. Lottando contro di loro e sfidando questa percezione, ci si apre a un'argomentazione feroce che non si ha modo di vincere. Non discutete o litigate con la vostra madre narcisista. Se non siete d'accordo con lei, o se dice qualcosa che vi offende, dovete imparare diversi modi per veicolare una situazione che potrebbe degenerare in una lotta a tutto campo.

Una frase che potrebbe essere utilizzata se le vostre opinioni divergono è semplicemente dire frasi del tipo: "Dovremo solo essere d'accordo o in disaccordo". Allora qui dite chiaramente che vorrete abbandonare l'argomento di cui si parlava. C'è la possibilità che la vostra madre narcisista cerchi di portare avanti l'argomento e discussione, ma dovrete spostare la sua attenzione in un altro modo.

Affrontare un maltrattante, soprattutto quando questa figura è tua madre, può essere spaventoso e difficile. Dovete prima di tutto prendervi il tempo necessario per superare la codipendenza e la vergogna che vostra madre vi ha inflitto. Questo potrebbe anche includere la formazione di relazioni stabili e sane per dimostrare a voi stessi che siete degni e che potete essere amati.

I confini sono una vera e propria lotta con le madri narcisiste, soprattutto con le loro figlie. I narcisisti non sono inclini a rispettare i limiti perché si sentono in diritto di fare quello che vogliono con le persone nella loro vita. Questo non significa che non si possano stabilire dei confini, dei limiti con una madre narcisista.

Siate pronti ad affrontare il contraccolpo, i sensi di colpa, gli insulti, le sue minacce e la rabbia in generale. È importante capire che alla vostra madre narcisista non piacerà che imponiate dei limiti. Finché vi impegnate a rispettarli e non vi lasciate influenzare dalla sua negatività, state sviluppando un'abilità nel proteggere voi stessi.

Non tutti i confini devono essere estremi. Iniziate con alcuni piccoli limiti di base. Volete dimostrare a voi stessi che potete fissare e mantenere dei limiti. Volete anche che vostra madre capisca che avete dei limiti. Lei non lo accetterà, ma fino a quando vi atterrete ad essi, vi darete uno spazio per sviluppare la vostra identità e vi interesserete ai vostri bisogni. Se avete un partner, un amico o un coinquilino disposto ad aiutarvi a far rispettare i vostri confini, con voi stessi e con vostra madre, può essere molto utile chiedere la loro aiuto e assistenza.

Avere qualcuno come sostegno e supporto è una grande risorsa quando si lavora per migliorare se stessi. Se avete scelto di porre dei limiti con una madre narcisista, siate pronti al fatto che il suo approccio nei vostri confronti cambierà drasticamente.

Ricorrerà a tutti i tipi di comportamento negativo e narcisistico per farvi cedere, farvi cambiare idea o farvi sentire male con voi stessi. Piuttosto che avvicinarsi ai confini come metodo per cambiare il vostro rapporto con vostra madre, pensate a loro come a una forma di protezione di voi stessi.

Questi confini non sono progettati per far capire a vostra madre che ha una personalità tossica.
Non sono progettati per stabilire un rapporto sano e significativo con vostra madre.I confini sono attuati in modo da potersi tenere separati da lei, in modo da poter avere una vita non avvelenata dal suo narcisismo, ma da poterla comunque mantenere nella propria vita.

È raro che lo psicologo o il terapista vi raccomandi di tagliare completamente i legami con un membro della vostra famiglia, in particolare con un genitore. Ci sono eccezioni a questa regola se la vostra vita o il vostro corpo sono a rischio di danni fisici o di morte. Tuttavia, è una parte importante del processo di guarigione imparare come si può cambiare se stessi in modo che le opinioni e le azioni della propria madre narcisista non vi influenzino così fortemente.

Tagliandola fuori del tutto, potete avere una miglior crescita, imparare e cambiare il più possibile, ma senza avere l'opportunità di affrontare il vostro maltrattatore o dimostrare a voi stessi che non siete definiti da lei, la guarigione sarebbe quindi incompleta.

È importante ricordare che voi siete stati e siete sempre una persona buona per vostra madre. La sua incapacità di vederlo e di comprenderlo è la sua stessa perdita a lungo termine.

Un ottimo metodo per trattare con le madri narcisiste è quello di perseguire attività, hobby e carriere che potrebbero non piacerle o dissuaderla dall'aderire. Se riuscirete ad avere successo in uno di questi campi, e se riuscirete a trovare la felicità lungo uno di questi percorsi, lei non potrà prendersene il merito.

Anche se questo approccio non la renderà orgogliosa di voi, non mostrerete il vostro valore e non le darete gratificazioni o vi riempirà di affetto, il risultato sarà comunque qualcosa di molto più potente. Vi darà l'opportunità di uscire da sotto la sua ala e di mostrare a voi stessi e al mondo che siete capaci, e che siete la vostra persona. La vostra madre narcisista potrebbe non apprezzarlo mai o non voler parlare dei vostri successi, perché sono tutti su di voi e non riflettono su di lei.

Tuttavia, c'è una soddisfazione interna che deriva dal sapere che siete stati in grado di superare il suo controllo e di avere comunque successo. "Trattare" una madre narcisista è un termine un po' fuorviante. Non si tratta tanto di "trattare" quanto di superare, di andare avanti e di essere se stessi.

4: VIVERE CON I NARCISISTI

Come trattare con i narcisisti

I concetto di "trattare" con un narcisista è un po' fuorviante. È molto improbabile che i narcisisti cambino senza un aiuto professionale. A causa del loro disturbo della personalità, è molto improbabile che possano mai ricevere un aiuto professionale da soli.

Tuttavia, ciò non significa che si debba soffrire per mano di un narcisista nella propria vita perché non è disposto a cambiare.

Si possono fare dei cambiamenti per se stessi che alla fine porteranno a un'esistenza più sana.

In questo modo, rafforzerete le vostre difese al punto che non potranno più farvi del male. Se siete stati cresciuti da un narcisista o avete avuto un partner narcisista, si consiglia di ricorrere alla psicoterapia e di cercare un aiuto professionale. Gli psicologici non solo possono aiutarvi a trovare meccanismi di coping sani, ma possono anche aiutarvi a identificare le fonti di trauma.

Ancora più importante, se quel trauma si è manifestato a causa di disturbi mentali come depressione, CPTSD, disturbi d'ansia intensi, ecc. lo psicologo può diagnosticare e sottoscrivere un trattamento dove sia necessario. La capacità di imporsi all'effetto negativo del proprio narcisista abusatore non è un processo facile o immediato. Ci vuole tempo per affrontare il dolore, per capire cosa vi fa stare male per poi imparare a prevenirlo.

Non solo ci vuole tempo, ma anche tanta pratica. Per questo motivo non è necessariamente consigliabile "tagliare completamente i legami" con i membri della famiglia se uno di loro è un narcisista. Ora, anche se avete appena iniziato la terapia, o vi state curando da un po' di tempo, ci sono ancora cose che potete fare per voi stessi che rendono più facile gestire il tempo con un genitore narcisista. In primo luogo, è una buona idea stabilire un forte sistema di supporto per te stesso. Dovreste circondarvi di amici e colleghi che vi apprezzano, vi sostengono, vi amano e vi apprezzano per le vostre capacità e quello che siete.

Potrebbe essere una buona idea non presentare queste persone al vostro famigliare narcisista manipolatore e violento. In questo modo avrete sempre un sistema di supporto completamente separato che è solo per voi, non per l'immagine che il narcisista nella vostra vita ha di voi. La forza derivante da questo tipo di sistema di supporto vi aiuterà a ristabilire l'autostima, la fiducia e l'amor proprio. Poiché questi sono i tratti principali che i genitori narcisisti privano facilmente con le loro manipolazioni, riacquistandoli per voi, vi libere dal loro scherno e dal loro controllo.

Vi stupirete di come un po' di fiducia in se stessi possa modificare drasticamente il vostro rapporto con un narcisista che ha avuto una grande influenza nella vostra vita. Un altro passo importante da fare è limitare la quantità di tempo che si trascorre con loro. Questo può essere difficile se sono genitori. Ci si potrebbe aspettare di vederli durante le vacanze o in altre riunioni di famiglia. Dovreste ridurre il numero di volte in cui programmate di vederli e poi, quando li vedete, fissate un limite di tempo preciso con cui stare con loro.

Preparatevi a sentirvi colpevoli e manipolati per partecipare a più eventi e non rimanere più a lungo. Non è necessario inventare scuse, basta far sapere che non si vuole essere "così coinvolti" nelle riunioni di famiglia.

Se vi sentite abbastanza a vostro agio da affrontare l'argomento, potreste fargli sapere che non vi sentite a vostro agio alle riunioni di famiglia a causa del modo in cui siete trattati.

Questo non è necessariamente una colpa del genitore narcisista perché vi permette di esprimere le vostre preoccupazioni senza sollevare una discussione, perché avete il potere di dire che non volete approfondire l'argomento.

Limitando il vostro tempo e la quantità di interazioni con i genitori narcisisti, vi date la possibilità di stare intorno a loro alle vostre condizioni. Probabilmente a loro non piacerà, ma è comunque importante per voi stabilire con loro, e con voi stessi, che avete diritti e bisogni e che vi atterrete a loro anche se non saranno apprezzati dagli altri membri della vostra famiglia. Uno dei migliori meccanismi per affrontare un narcisista è l'accettazione. Vi sembra strano vero? Perché dovreste accettare la persona che vi ha causato così tanti abusi emotivi, mentali e forse anche fisici? Sembra quasi ingiusto, vero? Beh, la verità è che, dal momento che il narcisismo può essere classificato come un disturbo della personalità, i narcisisti nella vostra vita non sono partiti con l'intenzione di danneggiarvi o farvi del male.

Sono solo incapaci di provare empatia o di soddisfare bisogni emotivi, specialmente quelli dei loro figli. Questa incapacità è cognitiva, non intenzionale.

Riconoscere di non avere alcun controllo su tale incapacità nella loro mente permette di liberarvi dalle loro opinioni su di voi. Ottenete la comprensione che tutto ciò che pensano di voi o dicono su di voi non ha assolutamente nulla a che fare con voi. Ha tutto a che fare con loro. Inoltre, quando lo accetterete capirete che non potete controllarlo. Non potete controllare le loro reazioni nei vostri confronti o la loro percezione di voi. Questa è una verità difficile da mandare giù, perché tutti vogliono essere visti, accettati e amati dai loro genitori. Purtroppo, nel caso dei narcisisti, è quasi impossibile.

Inoltre, accettando il genitore narcisista per quello che è, si può trovare il modo di compatirlo. La pietà è un potente strumento di guarigione. Potete compatirli perché non sono mai stati veramente felici e perché hanno un'autostima così bassa che hanno bisogno di avvolgersi in una versione fantastica della loro vita. Abbiate pietà di loro perché non sanno mai cosa significa essere amati, o avere un rapporto paritario con qualcuno.

Se riuscite a trasformare i vostri sentimenti e le vostre associazioni negative in pietà, esse non hanno più potere su di voi.

Ogni volta che vi urlano contro o vi insultano, li vedrete come una persona triste e solitaria.Ogni volta che faranno un commento su di voi al vostro partner, vi sentirete male per loro perché non sapranno mai cosa significa essere innamorati.

La pietà trasforma la loro brutalità in innocue espressioni della loro stessa miseria. Avete il potere di rendervi felice. Loro non lo fanno, perché hanno sempre bisogno di una conferma esterna. Abbiate pietà di loro perché non sono in grado di essere felici di ciò che sono e di ciò che hanno nella vita.

Più di questo, compatirli, vi permette di non fare gli stessi errori e schemi che hanno commesso loro, perché sapete che potete essere felici non essendo come loro.

Ci sono molti modi per gestire i genitori narcisisti o altri narcisisti nella vostra vita. Vorrete iniziare lentamente e sentire cosa funziona meglio per voi e per la vostra situazione. Con il tempo, sarete in grado di andare più a fondo nel rafforzare i vostri strumenti per interagire con loro.

Come comunicare con un narcisista

Quando si impara a comunicare con un narcisista, il rapporto con lui può cambiare notevolmente.
Il bello di questa situazione è che ora disponete di una conoscenza approfondita. Comprendete che questa persona è un narcisista, quindi, basandovi su quello specifico disturbo di personalità, sapete bene come sono internamente ed esternamente. Dal momento che negano qualsiasi cosa che non vada in loro, questo vi dà un vantaggio.

Si può far leva con il loro narcisismo in un modo da rendere l'interazione con loro più sana per voi, meno antagonista, e anche più piacevole. Cambiare il modo di comunicare con un narcisista nel tentativo di avere un rapporto più stabile con lui non è la stessa cosa di una manipolazione emotiva o mentale. Non si cerca di sminuirli, di ferirli o di controllarli in altro modo. Questo è solo un approccio più adatto per interagire e relazionarsi con loro.

Spesso, quando si discute con un narcisista, può essere meglio lasciarsi trasportare. Anche se dicono qualcosa di così ridicolo che sai che è assolutamente sbagliato, se provate a farlo notare, causerà solo un litigio. La scelta migliore potrebbe essere quella di fare un cenno con la testa senza impegno e andare oltre. Dato che sapete la verità, non dovete compromettere le vostre convinzioni o non dovete nemmeno istigare un confronto scomodo in un'argomentazione che non potete vincere. Ci possono essere momenti in cui si dice qualcosa di così stravagante che non si può semplicemente fare un cenno con la testa e assecondarlo.

In questi casi, dire una frase del tipo: "siamo in disaccordo su questo punto", elimina ogni implicita biasimo o natura polemica.

Se spingono oltre la questione, potete altrimenti scusarvi e uscire o deviare la conversazione. Potreste anche lavorare sulla vostra capacità di gratificarli senza compromettervi. Qualsiasi conversazione o interazione andrà meglio con un narcisista se si sente gratificato e come voi vi state concentrando interamente su di loro.

Tuttavia, non c'è bisogno che lo facciate e lasciate che vi insultino o vi abbattano. Se ci provano, per impostazione predefinita, una frase generica come: "Capisco come ti sentiresti in quel modo". Gli da il riconoscimento di cui hanno bisogno, ma allo stesso tempo non date peso alle loro opinioni su di voi e vi separate dalle loro percezioni. Ci sono altre tattiche per evitare scoppi d'ira, come lo spostare l'attenzione in una conversazione. Se il genitore narcisista cerca di tirare fuori una storia o un evento che in qualche modo vi fa sentire male e che migliora la propria immagine di sé, potete spostare la loro attenzione per non degradarvi dicendo qualcosa che cambia il tono della conversazione, in particolare per quanto riguarda il loro coinvolgimento.

Per esempio, una figlia cresciuta con una madre narcisista ha raccontato un'esperienza che ha avuto durante l'infanzia. Quando era all'asilo, la maestra girava in cerchio e chiedeva a tutti i bambini di dire il loro cibo preferito. La maggior parte dei suoi coetanei ha elencato quello che i bambini dicono di solito: pizza, gelato, altre prelibatezze o cibo spazzatura. Tuttavia, quando è stato il suo turno, la ragazza ha detto che il suo cibo preferito era fagioli e riso, un piatto che la madre preparava con una certa frequenza.

Quella storia divenne un punto di crudele scherzo nei confronti della figlia da parte della madre. Per tutta l'infanzia e fino all'età adulta, la madre la prendeva in giro per quella storia specifica, dicendo che era una bambina così "strana", che non era affatto come gli altri bambini della sua età. Anche se questo avrebbe potuto essere percepito come un elogio all'unicità di sua figlia, è sempre stata cresciuta in situazioni destinate a farla vergognare e metterla in imbarazzo. Alla fine, dopo oltre vent'anni di ascolto della stessa storia usata contro di lei, questa donna ha trovato un modo per spostare la conversazione a suo vantaggio.

Era fuori a cena con i suoi genitori e con l'altra sua collega di lavoro quando la storia di "fagioli e riso" è stata di nuovo tirata fuori nel tentativo di ridicolizzarla per la sua stranezza. Piuttosto che lottare contro di essa o tenere il broncio, la figlia ha risposto con una risposta che ha gratificato la madre e ha anche impedito che il scherzo crudele si perpetuasse.

Ha affermato che sua madre dovrebbe essere molto orgogliosa di questa sua risposta perché, a differenza degli altri bambini della sua classe, sua madre è riuscita a trovare il tempo di preparare i pasti cucinati a casa per tre bambini mentre lavorava quaranta ore a settimana.

In questo scenario, la madre ha potuto sentirsi gratificata dalla sua capacità di essere quella "mamma perfetta" e di gestire una carriera a tempo pieno oltre a provvedere ai suoi figli. Le è stato anche dato il riconoscimento che crescere tre figli, lavorare a tempo pieno e preparare i pasti a casa è stato un lavoro molto impegnativo per lei, un lavoro che sua figlia ha riconosciuto. Questa è una buona dose di ego per una mamma narcisista. La figlia è stata in grado di reindirizzare l'attenzione negativa di se stessa verso l'attenzione positiva per la madre. Così, il tono della conversazione è cambiato, e l'intento crudele è stato fermato. Il successo dello spostare l'attenzione rende quasi impossibile per un narcisista spingere ulteriormente la questione. Si liberano anche tutte le proprie associazioni negative con l'argomento.

Anche se l'elogio o la connotazione positiva non è rivolta specificamente a voi, cambiando il tono e l'energia dell'intera storia si dà una nuova svolta anche a voi stessi. Se la conversazione diventa troppo scomoda, o il vostro genitore narcisista sta cercando di diventare aggressivo o competitivo, potete scusarvi casualmente e spostarvi dalla conversazione. Potreste chiedervi se potete parlare di qualcos'altro, o semplicemente annuire e andarvene alla prima occasione. Potrebbero cercare di spingervi a riprendere la conversazione solo per ottenere una vostra reazione, ma se continuate a mantenere la vostra posizione salda e non date loro ciò di cui hanno bisogno per creare una occasione per ferirvi, allora vi liberete del potere che hanno su di voi.

Quando si comunica con un narcisista, è importante non porre troppo in alto le proprie aspettative. Impostando l'asticella più bassa, vi darete la possibilità di trovare piacere nelle interazioni con loro se queste vanno meglio di quanto pensavate. Se impostate invece l'asticella troppo alta, potreste rimanere delusi e scoraggiati dal riprovare.

Come negoziare con un narcisista

Attraverso il processo di apprendimento dei comportamenti e dei tratti narcisistici, ci si dà un vantaggio su di essi.

Questo non è il tipo di vantaggio che si ostenta o che si usa contro di loro, ma solo la capacità di avvicinarsi a loro in modo diverso. L'obiettivo che sta dietro a una sana relazione con un narcisista è quello di assicurarsi che non sia più in grado di farvi del male. La maggior parte di questa guarigione deve venire dall'interno. Se vi rafforzate e vi conoscete meglio, allora sarete più resistenti ai loro effetti. Tuttavia, sapere come pensano e agiscono i narcisisti vi fornisce un modo migliore per interagire con loro. Molto probabilmente ci saranno situazioni in cui sarete in grado di ottenere la loro collaborazione o il loro sostegno.

Adesso vi può sembrare disonesto e manipolativo usare la personalità di un narcisista contro di loro in un certo senso, ma finché non si ha intenzione di danneggiarli in alcun modo o di sfruttarli, allora negoziare con un narcisista è solo un'altra forma di comunicazione.

In tutta onestà, la comunicazione è un'abilità che va appresa e che richiede una vita intera per essere padroneggiata. Ognuno comunica in modo diverso.

La lezione più importante da imparare nella comunicazione è come gli altri comunicano. Pertanto, sapere come un narcisista si comporta e risponde a un livello fondamentale, e utilizzare questa conoscenza per consentire una comunicazione efficace e impeccabile, è davvero parte del processo di apprendimento.

Ci sono diversi modi per negoziare con un narcisista. Essi richiedono pratica ed una profonda comprensione per essere usati in modo da non aggravare la situazione. Il primo metodo per comunicare con un narcisista è quello di sfidare la sua autorità.
Questo sembra controintuitivo sotto molti aspetti, poiché i narcisisti si rifiutano di ammettere di avere torto e hanno un temperamento che può essere esplosivo.

Una volta che vi siete affermati come individuo e avete trovato l'autostima, potreste essere più preparati a stare testa a testa con un narcisista. Mi raccomando, sfidare la loro autorità non significa necessariamente litigare con loro, scatenare conflitti o dire loro che hanno torto. Questi sono modi per aggravare una situazione.

Spesso i narcisisti continuano i loro modelli di comportamento, perché nessuno si oppone mai a loro.

Diventano prepotenti perché sanno di poterla fare franca. Continuano ad alimentare le loro fantasie di grandiosità quando nessuno si pronuncia contro di loro. Sentono che nessuno è abbastanza degno di sfidarli, che la loro superiorità è salda perché gli altri si inginocchiano ai loro piedi. Sfidare un narcisista non conquisterà il loro rispetto o la loro ammirazione, tuttavia, si può ottenere la loro collaborazione e la loro condiscendenza se lo si affronta in modo da non causare una situazione esplosiva. Quando si sfida un narcisista, si dovrà essere a proprio agio e con l'idea che di dover stare sempre a testa alta, letteralmente e figurativamente.

Dovrete anche essere pronti a difendere la vostra posizione. Anche questo in modo letterale e figurativo. La posizione fisica e la postura salda sono una parte importante per affermare la propria autorità. Dimostra che non si ha paura e che si crede in ciò che si dice. Dovreste anche esercitarvi a mantenere la voce ferma e costante. Qualsiasi esitazione darà loro modo di sfruttare quella vostra insicurezza.

Il genitore narcisista deve capire che non può più fare come prima perché ora non siete più dei bambini. A loro non piacerà, cercheranno di sovvertire la vostra fiducia e di rivendicare il controllo su di voi. Se continuate a rimanere irremovibili nelle vostre affermazioni, alla fine vedranno che non sono più in grado di farvi del male o di controllarvi altrettanto facilmente.

Oltre ad affermare il controllo o a sfidare un genitore narcisista, definire dei limiti rigorosi può essere usata come tattica per negoziare con un narcisista. A loro non piacciono affatto i confini, perché si sentono molto in diritto su di voi come abbiamo visto in precedenza.

Tuttavia, è vitale per il vostro benessere e salute mentale, nonché per la vostra crescita come individui per sentirsi a proprio agio, dovete fissare e mantenere i limiti. Proprio come con una sfida al loro comportamento, i limiti verranno sempre messi alla prova da un narcisista. Potrebbero ricorrere alle minacce o al senso di colpa, e ad altre tattiche di manipolazione nel tentativo di destabilizzarvi. È fondamentale tenere duro e non cedere alle loro richieste.

Se un limite è importante per voi, tenetelo. I genitori narcisisti cercheranno di attraversarlo, probabilmente ripetutamente.
Tuttavia, stabilendo dei limiti chiari e attenendosi strettamente ad essi, perderanno potere e controllo su di voi.
I paletti che vi siete dati sono un modo efficace per negoziare un comportamento appropriato da parte di un narcisista. Vi danno uno scudo e fanno anche fare un passo indietro al narcisista.

Dimostrando loro che non hanno potere sulle vostre scelte, sulle vostre decisioni e sulla vostre capacità di averle nella vostra vita, diventano meno implacabili.

Anche se non lo ammetterebbero mai, i narcisisti hanno bisogno dell'adorazione e dell'amore che voi fornite loro. Limitando ciò che date, lavoreranno più duramente per tenervi nella loro vita, in modo da non perdere quella fonte di apprezzamento.

Questo tentativo di mantenere un rapporto forte con voi non si trasformerà ne in un rapporto d'amore ne in un rapporto paritario. Tuttavia, eliminerà un po' di tensione da voi e dai vostri sentimenti nei loro confronti. Un altro modo di negoziare con un narcisista è quello di illustrare come la loro collaborazione o il loro sostegno possono essere di beneficio per entrambi.

Questo tipo di tattica di negoziazione potrebbe sembrare più manipolativa delle altre. Se fatta però correttamente e con l'intento di essere onesti, allora è vantaggiosa per voi e per il narcisista. Non dovete ricorrere a questo tipo di comunicazione nel tentativo di manipolare o sfruttare qualcuno, anche se è un narcisista che vi ha causato molto dolore.

Detto questo, se avete sentimenti irrisolti nei confronti di un abusante narcisista che vi fanno sentire vendicativi o come se voleste ferirli e manipolarli, si raccomanda di analizzare questi sentimenti prima di lavorare per migliorare la vostra comunicazione con loro.

Se volete qualcosa da un narcisista, soprattutto se è il vostro genitore, potete trovare il modo di esprimere la conversazione in modo che illustri il vostro desiderio nel migliore interesse per loro. Avvicinatevi a questo tipo di comunicazione con molta cauta, perché non sarà vostra intenzione mentire categoricamente o far sembrare che voi state tramando qualcosa. Dovete pensare a come parlare delle cose in un modo in cui loro vedano i vantaggi reciproci, perché tutto ciò su cui si concentreranno davvero sono i loro benefici.

Facendo la vostra richiesta su di loro tanto quanto su di voi, saranno più inclini a collaborare. Potete anche fare la richiesta interamente su di loro e poi saranno molto più propensi a collaborare. Mi raccomando questo tipo di comunicazione non deve essere avvolta da inganni o manipolazioni. È un modo per lavorare con un narcisista per il reciproco vantaggio e per ottenere il loro sostegno. Negoziare con i narcisisti può essere difficile a causa dei loro tratti di personalità. Capire i tratti e sapere come si può modificare il proprio stile di comunicazione con loro è il modo migliore per affrontare la negoziazione con un narcisista.

Conclusione

Grazie per aver letto *Madri Narcisiste*. Spero che nel frattempo abbiate potuto conoscere meglio voi stessi e il vostro genitore o i vostri genitori narcisisti. Non è mai facile ammettere a se stessi di aver subito un qualsiasi tipo di abuso, tanto meno per mano dei propri genitori.

L'abuso narcisistico è ancora più difficile da accettare, perché il più delle volte è psicologico ed emotivo, lasciando alla vittima la sensazione di essere lei il problema. Fortunatamente, se avete deciso di leggere questo libro, significa che avete già una comprensione di ciò che avete passato, o almeno un'idea di come siete stati cresciuti.

Potreste essere rimasti colpiti profondamene dalle informazioni che avete appreso. La NPD è una patologia molto complessa ed è un disturbo della personalità delirante sotto molti aspetti.

Se siete nuovi all'argomento del narcisismo e dei genitori narcisisti, probabilmente avete letto alcune cose che sembravano irreali. A dire il vero, c'è molto di più da imparare su di voi che sugli abusi che avete subito per essere stati cresciuti da un genitore narcisista.

Sono certa che con le conoscenze che avete acquisito leggendo questo libro, vi porteranno sulla corretta via per superare il tutto nel migliore dei modi.

Anche se non avete ancora iniziato a cercare un aiuto professionale, ulteriore step fondamentale, ci sono comunque dei consigli in questo libro che potete utilizzare quando interagite con il vostro o i vostri genitori.

Esercitatevi ad accettare il vostro genitore narcisista e tutti i suoi difetti. Fate pratica delle diverse forme di comunicazione con i narcisisti di cui si è parlato. Probabilmente noterete un drastico cambiamento nel vostro rapporto con i vostri genitori semplicemente utilizzando questi metodi.Imparare che è improbabile che i narcisisti cambino e che non accettino i loro figli è una delle verità più difficili che i figli cresciuti da narcisisti devono comprendere.
Sono profondamente dispiaciuta per qualsiasi bambino, o ora adulto, che si sta rendendo conto di essere stato cresciuto da un narcisista. La conoscenza, è vero, è potere. Il semplice fatto di sapere chi sono i tuoi genitori ti dà un vantaggio.

Se non vi siete mai sentiti con un concreto vantaggio sul tuo genitore narcisista, ora lo avete. Questo vantaggio lo avete dato a voi stessi scegliendo di cercare delle risposte.

Questo è un grande passo avanti, e dovreste sentivi molto orgogliosi di voi per tale iniziativa. Mi auguro che voi abbiate appreso molto dalla lettura e che siate ora in grado di fare i prossimi passi nel vostro processo di auto educazione e di autoguarigione.

Ricordate che siete meritevoli. Siete abbastanza. Siete la vostra persona. Indipendentemente da ciò che vi dicono i vostri genitori, siete il padrone della vostra vita ed avete il potere di diventare chiunque e qualsiasi cosa vogliate essere.

Vi lascio con questi suggerimenti, perché siete già sulla via dell'autoguarigione e andate avanti con la vostra vita. Continuate con questo incredibile progresso.

Grazie.

Glossario extra

Il glossario sottostante elenca diversi termini medici, scientifici e di uso frequente in tutto il testo. Assicuratevi di dare un'occhiata se non vi è chiaro a cosa si riferisce la terminologia.

Antisociale: Definito come andare contro i costumi sociali e le leggi e/o non possedere istinti sociali per l'interazione. Le persone che sono considerate "solitarie" tendono a cadere nella categoria antisociale del non avere desiderio di interazione sociale.

Abuso emotivo: Chiamato anche abuso psicologico, si caratterizza come l'esposizione e la sottomissione a comportamenti che possono provocare traumi psicologici e condizioni di salute mentale. L'abuso emotivo non comporta abusi fisici o sessuali, anche se questi possono portare a traumi e condizioni di salute mentale.

Condizionamento: Il processo in cui ad un animale o ad una persona viene insegnato a comportarsi in un certo modo. Il processo di solito consiste nel premiare e nel trattenere per ottenere il comportamento desiderato.

Condizionamento psicologico: Un processo comportamentale che ha lo scopo di imporre una risposta che diventa prevedibile e frequente come risultato di stimoli ripetuti.

Condizioni di salute mentale: Indicato anche come disturbi mentali. Sono classificati come condizioni o disturbi che influenzano il pensiero, l'umore e il comportamento.

Disturbo antisociale di personalità (ASPD): Una condizione di salute mentale definita dalla mancanza di interesse e dal completo disinteresse per le altre persone. Nella cultura popolare e nei media, il termine comune per ASPD è sociopatico, ma non è riconosciuto nella comunità psicologica.

Disturbo d'ansia: Qualsiasi disturbo psichiatrico che comporti una quantità estrema e irrazionale di paura e preoccupazione. Il Disturbo d'Ansia Generale è un disturbo comune. I disturbi d'ansia meno comuni e più estremi diventano fobie.

Codipendenza: Un bisogno emotivo e psicologico o la dipendenza da qualcun altro, di solito un partner, un figlio o un genitore. La causa del bisogno di sostegno è spesso una malattia mentale o una dipendenza.

La codipendenza determina un comportamento malsano ed è un modello circolare da cui è difficile uscire.

Confine: Una linea, visibile o invisibile, che segna un limite all'interno di una sfera o di un'attività. Per quanto riguarda questa lettura, un confine è specificatamente un limite invisibile che si fa valere per se stessi e per gli altri.

Delusione: Una fantasia o una credenza idiosincratica che viene mantenuta nonostante le contraddizioni e le prove e le influenze opposte intorno a ciò che è generalmente accettato. Di solito un sintomo di un disturbo mentale.

Depressione: Una condizione mentale che si accompagna a gravi sentimenti di sconforto. Di solito include sentimenti di colpa, inadeguatezza e inutilità. I sintomi si manifestano anche come mancanza di energia, mancanza di appetito e pensieri suicidi. I sintomi della depressione sono trattati con farmaci e terapia.

Disturbo maniaco-depressivo: Conosciuto anche come disturbo bipolare. Un disturbo della salute mentale che è caratterizzato da lunghi sbalzi d'umore a lungo termine che si traducono in periodi maniacalmente alti seguiti da periodi intensamente bassi e depressi. I periodi maniacali possono includere insonnia, intensa motivazione e deliri. Gli episodi depressivi possono portare alla mancanza di energia, a sentirsi abbattuti e a pensieri suicidi. Questi sbalzi d'umore possono durare mesi.

Disturbo di personalità: Una condizione di salute mentale o disturbo mentale che significa che una persona perpetua un modello malsano di funzionamento, pensiero e comportamento.

Disturbo post-traumatico da stress (PTSD): Un disturbo da trauma che è il risultato della testimonianza o dell'esperienza di un singolo evento traumatico. Risulta dall'incapacità di superare l'evento traumatico.

Disturbo da stress post traumatico complesso (CPTSD): Disturbo da trauma derivante dall'esposizione ripetuta a situazioni traumatiche e di abuso per settimane, mesi o anni. Spesso il risultato di abusi su minori a lungo termine, di abusi sessuali o di essere detenuti come prigionieri di guerra. Ha tutti gli stessi sintomi del PTSD e molti sintomi unici. Spesso trattato con psicoterapia e farmaci pesanti.

Ego: Definito in psicologia come la parte della mente che connette la mente conscia e il subconscio. La fonte dell'identità personale e della connessione con la realtà. Connesso all'autostima e all'importanza di una persona. L'ego è un fattore importante per mantenere l'equilibrio tra conscio e subconscio, o realtà e ciò che sta oltre.

Fattori ambientali: Un fattore ambientale è considerato un fattore esterno a cui una forma di vita (persona) è esposta e che influenza la sua crescita, il suo sviluppo e la sua salute. In particolare, per quanto riguarda i bambini e l'ambiente in cui sono cresciuti, i fattori potrebbero includere il numero di genitori in casa, il tipo di scolarizzazione, i fratelli e le sorelle, la salute mentale dei loro genitori, ecc.

Gaslighting: Una forma di abuso psicologico in cui un maltrattatore manipola la sua vittima per mettere in discussione la sua stessa sanità mentale o la sua congruenza mentale. Una delle forme comuni di illuminazione a gas è il tentativo di convincere un'altra persona che ha detto o fatto qualcosa che non ha fatto, confondendola e portandola a credere di non potersi fidare della propria mente.

Illusione: Un inganno che porta i sensi a interpretare erroneamente ciò che stanno vivendo. Può anche essere definita un falso ideale o una credenza. Le illusioni possono essere legate a condizioni di salute mentale, ma a volte sono anche legate a fattori ambientali, come i miraggi indotti dal calore.

L'empatia: Definita come la capacità di capire, condividere e relazionarsi con i sentimenti e le emozioni di un altro. Non avere empatia non è la stessa cosa che non avere emozioni. Significa che le emozioni di qualcun altro non si registrano come importanti o necessarie.

Manipolazione: L'atto di usare tattiche senza scrupoli, intelligenti o subdole per far pensare o fare quello che vuoi a qualcun altro.
Spesso non prende in considerazione i sentimenti o le convinzioni dell'altra persona.

Marginalizzazione: Definita come il trattamento di un gruppo, di un individuo, di un evento o di un oggetto come insignificante e non importante.

Neurobiologia: Definita come lo studio biologico del sistema nervoso e dei componenti che lo influenzano. Include i processi chimici e gli impulsi elettrici nel cervello e nel corpo.

Possessività: Definita come il desiderio eccessivo di dominare qualcuno o qualcosa, controllare, o possedere qualcuno o qualcosa.

Proiezione: La proiezione è quando qualcuno inconsciamente trasferisce le proprie emozioni, pensieri e desideri su qualcun altro. Può essere sia in modo negativo e critico, sia in modo positivo, elevando qualcuno su un piedistallo. La proiezione non è intrinsecamente un trasferimento negativo, anche se è fuorviante in entrambi i casi, perché le proiezioni non sono di fatto realtà.

Prosociale: un comportamento che vuole essere positivo, utile e promuovere l'amicizia e l'accettazione sociale.

Salute mentale: Lo stato di benessere psicologico ed emotivo di una persona.

www.ingramcontent.com/pod-product-compliance
Lightning Source LLC
Chambersburg PA
CBHW070708250726
48662CB00001B/321